디지털 거미줄을 타는
그리스도인

Digital Liturgies: Rediscovering Christian Wisdom in an Online Age
by Samuel D. James

Copyright ⓒ 2023 by Samuel D. James
Published by Crossway, a publishing ministry of Good News Publishers
Wheaton, Illinois 60187, U.S.A.

This Korean edition copyright ⓒ 2025 by Word of Life Press, Seoul, Republic of Korea
Published by arrangement with Crossway through rMaeng2, Seoul, Republic of Korea.
All rights reserved.

이 한국어판의 저작권은 알맹2를 통하여 Crossway와 독점 계약한 생명의말씀사에 있습니다.
신저작권법에 의하여 한국 내에서 보호받는 저작물이므로 무단 전재와 무단 복제를 금합니다.

디지털 거미줄을 타는 그리스도인

ⓒ 생명의말씀사 2025

2025년 5월 28일 1판 1쇄 발행

펴낸이 | 김창영
펴낸곳 | 생명의말씀사

등록 | 1962. 1. 10. No.300-1962-1
주소 | 서울시 종로구 경희궁1길 6 (03176)
전화 | 02)738-6555(본사) · 02)3159-7979(영업)
팩스 | 02)739-3824(본사) · 080-022-8585(영업)

기획편집 | 유영란, 유하은
디자인 | 최종혜
인쇄 | 영진문원
제본 | 다온바인텍

ISBN 978-89-04-16922-1 (03230)

저작권자의 허락 없이 이 책의 일부 또는 전체를
무단 복제, 전재, 발췌하면 저작권법에 의해 처벌을 받습니다.

디지털 거미줄을 타는
그리스도인

새뮤얼 제임스 지음
이지혜 옮김

생명의말씀사

추천의 글

읽기 쉬우면서도 예리한 이 책은 우리가 사는 후기 세속 사회가 어떤 전례를 제공하는지 보여 준다. 영혼을 형성하는 이 실천과 서사는 우리를 하나님에게서 독립된 자아로, 하나님이 창조하신 자연에서 자아가 창조한 현실로, 진리와 사랑을 위한 삶에서 권력을 향한 삶으로 돌아서게 훈련한다. 이것들을 볼 수 없다면 거기에 저항할 수도 없는데, 저자는 둘 모두를 위한 자원을 제시한다. 새뮤얼 제임스는 이 시대에 꼭 필요한 책을 썼다. 그는 교회가 후기 기독교 세계에서 효과적으로 복음을 전하고 영성을 형성하는 법을 배우려면 귀 기울여야 할, 몇 안 되지만 점점 늘고 있는 젊은 사상가 중 한 사람이다.

팀 켈러, 리디머장로교회 설립 목사

지혜와 통찰력이 넘치는 책이다. 이 책에는 디지털 세계뿐 아니라 우리 자신에 대한 진실을 드러내는 힘이 있다. 우리가 무엇을 원하고 그것을 어떻게 찾으려 하는지, 인터넷은 우리가 눈치채지 못하는 방식으로 어떻게 그 욕구를 무기화하는지, 그에 대한 해결책은 무엇인지 등을 잘 보여 준다. 위협적이지 않으면서도 예리하게, 순진하지 않으면서도 긍정적으로, 이 책은 우리에게 꼭 필요한 안내자가 되어 준다.

앤드루 윌슨, 런던킹스처치 목사

이 책은 우리에게 도전과 부르심을 모두 제시한다. 저자는 가림막을 걷고 우리의 관점에 도전한다. 기술의 영향이 중립적이지 않으며, 우리의 디지털 습관이 하나님의 지혜를 어리석은 것으로 보게 만드는 온라인 세계로 기울어져 있음을 보여 준다. 그러나 저자는 우리를 더 나은 길로 불러서, 신실하고 열매 맺는 삶에 필요한 지식과 지혜, 저항의 실천으로 우리를 이끈다. 진정한 통찰이 가득한 잘 정리된 책이다.

트레빈 왁스, 북미선교위원회 연구 및 자료 개발 부위원장, 『디스 이즈 아워 타임』 저자, 세다빌대학교 방문 교수

내가 아는 거의 모든 사람이 디지털 생활의 노예가 되어 있거나 그로 인한 피로를 호소한다. 가장 예리한 기독 지성인 중 하나인 저자는 이 책에서 우리가 디지털 화면에서 찾는 것이 정확히 무엇인지 발견하도록 도와준다. 이 책은 우리가 우발적으로 우리 영혼에 다운로드하는 격분과 분노, 수치와 따분함을 초월하는 길을 가리켜 준다.

러셀 무어, 〈크리스채너티투데이〉 편집장

처음 두어 장을 읽고 나서, 우리 집 청소년들, 그리고 아이들이 다니는 학교의 모든 학생에게 이 책을 읽혀야겠다고 결심했다. 그 정도로 훌륭한 사회적 통찰이다. 그다음 두어 장을 읽고 난 뒤에는, 우리 교회에서 함께 읽으면 좋겠다고 생각했다. 그 정도로 유용한 영적·목회적 통찰도 담겨 있다. 하지만 책을 다 읽고 나서는 이 책이 필요한 사람이 바로 나라는 사실을 깨달았다. 이 책은 복음을 나와 내 온라인 습관에 적용하게 했는데, 나에게는 더 가치 있는 습관이 필요했다. 이 말은 당신에게도 이 책이 필요하리라는 뜻이다. 이 책은 우리 모두가 헤엄치고 있는 디지털이라는 물과 어떻게 그 물이 생각 이상으로 우리를 재구성했는지를 설명해 준다.

조너선 리먼, 9Marks 편집장

현대 그리스도인들은 '무엇'(내용)을 생각하는 데 길들여져 있어서 '어떻게'(형식)를 충분히 고려하지 못할 때가 많다. 이 책은 우리가 살아가는 디지털 세계가 어떻게 우리를 형성하는지를 고려하도록 현명하고 분명하고 설득력 있게 도와준다. 새뮤얼 제임스는 우리 시대의 결정적인 특징을 다룬 중요한 사상가들을 소개해 줄 뿐 아니라, 자신의 신선한 통찰도 제공한다.

캐런 스왈로우 프라이어, 「소설 읽는 신자에게 생기는 일」 저자

세상 사람들은 창조주 하나님을 가짜 창조주(전능한 알고리즘)로 대체하려고 애쓴다. 저자의 주장대로, 우리는 디지털 도구를 활용하면서 이 도구를 통해 세상을 자신의 형상대로 만들 수 있다고 믿는다. 부주의한 수동성으로 인해 디지털 도구는 우리를 실리콘 밸리가 설계한 이미지, 곧 소외되고 파편화되고 강박적이며 분노에 사로잡힌 모습으로 만들어 버린다. 내가 아는 복음주의 사상가 중에 새뮤얼 제임스만큼 디지털 생활이 우리의 영성과 심리, 구체성에 미치는 영향을 비판적이고 신중하며 자기 성찰적으로 생각한 사람은 없다. 그 세대 복음주의 사상가 중에 가장 재능 있는 작가다. 이 책은 복음주의 안에서도 가장 빛나는 사상가 중 한 사람이 쓴 가장 현명한 책이다.

앤드루 T. 워커, 남침례신학교 기독교윤리학과 부교수

서문
기술의 문제가 아니라 예배의 문제다

커뮤니케이션 이론 중에서 한 시대를 풍미했던 명제는 마셜 맥루언이 말한 "미디어는 메시지다."라는 말일 것이다. 미디어가 전달되는 내용보다 그것을 전달하는 미디어의 형식이나 기술 자체가 사람에게 영향을 준다는 의미다.

『죽도록 즐기기』의 저자인 닐 포스트먼은 맥루언의 의미에서 한 단계 더 나아가 "미디어는 메타포다."라고 정의했다. 미디어가 단순한 정보 전달 수단이 아니라 우리가 세계를 이해하고 생각하는 방식 자체를 형성하는 은유적 틀이라는 의미다. 은유적 틀이라는 말은 미디어를 통해 세상을 보게 되는 문화의 인식 프레임으로 미디어가 작용한다는 것이다.

문화 내러티브를 분별하라

『디지털 거미줄을 타는 그리스도인』의 저자인 새뮤얼 제임스도 인터넷을 사용하는 웹 환경은 가치 중립적 도구가 아니라 그 구성원들을 특정한 방식으로 생각하고 느끼도록 만드는 인식론적 환경(영적이고 지적인 서식지)이라고 말한다. 이는 우리가 웹과 소셜 미디어라는 도구를 통해 좋은 내용을 분별해서 취하고 나쁜 내용은 버려야 한다는 문제가 아니라 그 자체가 우리의 사고에 영향을 준다는 것을 의미한다. 원서의 제목인 '디지털 전례'(Digital Liturgies)라는 말도 의미심장하다. 우리는 디지털을 도구로 사용하는 것이 아니라 디지털을 예배한다. 성경으로부터 사람들이 멀어지는 이유는 성경에 반대하는 강력한 주장을 만나거나 다른 이론을 믿어서가 아니다. 온라인에 확산되는 생각과 밈, 사고방식이 성경의 진리와 어울리지 않는다고 느껴졌기 때문이다. 지성이 부족해서가 아니라, 날마다 다른 사소한 논란과 값싼 분노, 대단치 않은 논쟁에 빠져서 그렇게 된 것이다. 많은 경우 이런 문제들이 대두되는 원인은 우리 마음속에 형성되는 것 때문이다. 결국 이 책은 기술에 관한 이야기가 아니라 예배에 관한 이야기다.

제임스 스미스는 우리가 반복적으로 행동하는 예전이 우리를 형성한다고 했다. 스미스의 표현대로라면 우리는 디지털을 사용하면서 우리의 마음속에 하나님이 아닌 다른 새로운 가치관들을 형성하고 있는 것이다. 그렇다면 디지털을 버리고, 소셜 미디어를 탈퇴하고 스마트폰을 사용하지 않는 것이 거룩한 영성을 지키는 길인가? 저자는 이런 디지털을 예배하는 시대 속에서 하나님과의 접속을 통해 진정한 지혜를 형성해 나가라고 권유한다. 그 출발은 우리가 살아가는 디지털 세상의 문화 내러티브를 분별하는 것이다.

소설가이며 교수였던, 데이비드 포스트 월리스의 2005년 케니언대학 연설의 제목은 〈이것이 물이다〉이다. 바다를 헤엄치던 나이 많은 물고기는 어린 두 마리 물고리를 보자 이렇게 말한다. "얘들아, 물이 괜찮아?"(How's the water?) 그러자 어린 두 마리는 잠깐 말없이 헤엄쳐 가다가 결국 물고기 한 마리가 옆의 물고기를 바라보면서 말한다. "도대체 물이란 게 뭐야?"(What the hell is the water?)

이 예화의 핵심은 가장 중요한 지금 현실이 실제로는 가장 보기 힘들고 이야기하기 힘든 현실이라는 것이다. 즉 우리는 우리의 사고를 형성하는 어떤 문화 내러티브 속에 살고 있지만 그 세상이 우리의 사고를 형성하고 있는지조차 깨닫지 못할 수 있다고 경고한다.

우리는 물고기이고 디지털 세상은 우리가 살고 있는 물이다. 그리고 그 속에서 표현적 개인주의라는 시대정신은 물속에 퍼져있는 염소다. 이 시대정신은 사람의 행복과 만족과 삶의 의미를 찾는 열쇠가 자신의 내적 욕구와 열망을 성취한다는 생각이다. 결국 삶의 무게는 자기 자신에게 있다고 말한다. 우리는 표현적 개인주의와 디지털이 만나 우리의 사고를 점점 자기중심적으로 만들어가는 세상 속에서 살고 있다는 사실을 분별할 수 있어야 한다.

진리에 접속하라

기독교의 지혜는 전인적이다. 단순히 책으로 배운 지식이나 세상 물정에 밝은 것이 아니라 현실에 합당하게 살아가는 삶을 말한다. 실용적, 윤리적, 신학적 실재에 온전히 정렬된 삶이다. 성경은 여호와를 경외하는 것이 지식과 지혜의 근본이라 선언한다. 그러므로 우리를 예속시키려는 디지털 예전 환경 속에서 우리는 온전한 지혜이신 하나님께 접속할 때만 우리의 문화를 분별할 수 있고,

진리 안에서 참된 자유를 누릴 수 있게 된다. 하나님께 접속해서 우리가 살아가는 문화 내러티브를 파악하지 못하면 현실을 왜곡되게 인식하고 바르게 살아갈 수 없다. 오직 하나님께 접속할 때만이 오늘 우리가 사는 문화 내러티브의 모순을 발견하고 진리의 대안을 통해 디지털이라는 도구를 진정한 도구로 만들어 갈 수 있다.

세상을 살아가는 삶의 해방은 인터넷의 바다에 있는 것이 아니라, 하늘의 공급에 있다. 디지털 전례의 시대에 우리를 사로잡는 무의미함, 소비주의, 수치, 분노, 그리고 왜곡된 진정성의 문화는 모두 하나님이 아닌 다른 것을 예배할 때 생기는 우상 숭배들이다. 출애굽의 시대에 금송아지를 섬겼다면 오늘날에는 디지털을 섬긴다. 우리를 사로잡는 모든 갈망과 욕구는 모두 하나님 안에서만 충족될 수 있는 갈망이다.

아우구스티누스는 『기독교 교양』에서 향유하는 사랑(*Frui*)과 사용하는 사랑(*Uti*)이 있다고 말한다. 향유의 대상은 하나님이시다. 향유의 대상을 향유할 때 사용의 대상을 질서 있게 사용할 수 있게 된다. 그러나 사용의 대상이 향유의 자리에 올라갈 때, 돈과 명예, 가족, 취미 같은 것들이 하나님의 자리를 대신해서 우리를 예배하게 하고 우리는 그들의 노예가 된다. 죄의 본질은 '순서가 바뀐 사랑'(disordered love)이다. 디지털 전례의 시대에 디지털을 사용하는 가장 건강한 방법은 결국 하나님을 가장 사랑하는 것이다. 향유의 대상을 향유하기 시작할 때 사용의 대상은 모두 질서가 세워진다. 마틴 루터는 이렇게 말했다. "하나님을 가장 사랑하라, 그러나 나머지는 네 마음대로 하라." 디지털 시대에 우리에게 주는 질서와 자유를 잘 표현한 말일 것이다. 우상 숭배가 가득한 도시의 한 가운데서 복음을 증거한 바울처럼 우리는 세상 속에 살지만 세상에 속하여 사는 사람들이 아니다. 세상으로 보내심을 받은 사람들이다. 디지털 환경 속에 살지만 그 늪에 빠지지 않고, 디지털의 환경을 하나님의 통치로 만들어가야 하는 사명자로 우리는 부르심을 받았다. 『디지털 거미줄을 타는 그리스도인』은 우리에게 진정한 예배자인지를 묻는다. 과연 "당신은 누구를 예배하고 있는가!"

고상섭(그사랑교회 담임 목사)

CONTENTS

추천의 글	04
서문 기술의 문제가 아니라 예배의 문제다 _고상섭	08
들어가는 글 웹은 영성 생활에 어떤 의미가 있는가	16

PART 1
진리와 테크놀로지

01 얼굴 없는 시대, 체화된 지혜	39
02 기술은 어떻게 우리를 형성하는가	59
03 생각하는 능력을 잃어 가는 사람들	79

PART 2
디지털 전례

04 디지털 전례 1: 진정성 _ 나의 이야기, 나의 진실	107
05 디지털 전례 2: 격분 _ 생각의 폐기	133
06 디지털 전례 3: 수치 _ 부끄러운 줄 알아야	161
07 디지털 전례 4: 소비 _ 벌거벗은 채 어둠 속에	181
08 디지털 전례 5: 무의미함 _ 미누샤, 순간의 사소함	205

결론 지혜와 저항의 습관	228
감사의 글	250
주	254

들어가는 글
웹은 영성 생활에 어떤 의미가 있는가

나는 고등학교를 졸업한 직후에 처음으로 페이스북 계정을 만들었다(페이스북과 트위터는 현재는 메타와 X로 이름이 바뀌었지만, 이 책에서는 저자가 사용한 이름을 그대로 사용했다.—옮긴이 주). 다른 많은 사람처럼 나도 친구들을 따라 페이스북을 사용하기 시작했다. 남들 다 하는 일을 놓치는 것이야말로 고등학교에서 가장 피하고 싶은 일이 아닌가. 가입하자마자 앤드루를 비롯한 몇몇 반 친구들에게 친구 신청을 했다. 그러면서 이 작고 색다른 플랫폼이 그저 몇 시간의 소셜 놀이와 대학 진학으로 멀리 떠나는 학급 친구들과 계속해서 연락할 방법이 되리라고 생각했다.

다시 말해, 나는 페이스북이 나에게 어떤 마법을 걸게 될지 준비되어 있지 않았다.

페이스북의 마법에 빠지는 건 순식간이었다. 두어 주가 지나자 나는 강박적으로 페이스북을 들여다봤다. 가능한 한 자주 들어가서 누가 친구 신청을 받아 주었는지 확인했다(친구 신청이 왔다면 더 좋은 일이었다!). 그저 친구를 열두어 명 추가했을 뿐인데, 프로필을 둘러보기(농담 삼아 '스토킹'이라고 불렀다)만 해도 하루 중 상당한 시간을 잡아먹혔다. '좋아요' 버튼이 생기기 전에는 내가 다른 사람의 프로필 사진이나 상태 업데이트를 좋아한다는 것을 알리고 싶다면 글을 남겨야 했는데, 그런 새 글 알림은 만족과 불안을 모두 일으키는 강력한 근원이었다. 사춘기의 불안, 짝사랑, 야망, 정체성이 압축되어 가족 공용 PC 상단 구석에 있는 빨간색 작은 사각형 픽셀에 담겼다.

이런 이야기에 공감하는 독자들이 많을 줄 안다. 이것이 이야기의 전부라면, 버락 오바마 재임 기간 중 두어 해 동안 모든 사람이 공유한 대중문화 한 조각에 대한 향수 어린 기억에 지나지 않을지도 모르겠다. 하지만 이게 전부가 아니다.

다른 많은 사람처럼, 내 이야기도 페이스북을 몇 년 이용하고 나서 그 알고리즘을 떠나 성인기에 들어서는 것으로 끝나지 않는다. 오히려 2007년 여름에 만든 내 첫 번째 페이스북 계정은 우리 부모 세대와는 전혀 다른 생활 방식의 출발점이 되었다. 시간이 흐르면서 페이스북의 디자인과 특징은 바뀌었지만, 디지털 미디어가 내 일상에서 얼마나 중추적인 역할을 하는지는 변하지 않았다. 오프라인 생활이 우울할 때 기분 전환으로 가끔 이용하던 온라인 활동이 이제는 가장 꾸준하게, 주기적으로, 습관적으로 하는 활동이 되었다.

강의실에 들어가면 페이스북을 훑어본다. 주일에 교회에 다녀온 후에는 이메일과 메신저, (더 나중에는) 유튜브에 몇 시간씩 빠져 있었다. 세월이 흐르면서 나뿐만 아니라 거의 모든 사람에게 소셜 인터넷의 중요성이 점점 더 커졌다. 책보다 블로그와 트윗을 읽는 시간이 훨씬 늘었고, 가족에게조차 전화보다는 문자 메시지를 보내는 일이 두 배 정도 많았다. 나이가 들면서 사회의 변화도 점점 눈에 띄었고, 내가 아는 거의 모든 사람이 소셜 미디어 '단식'이나 핸드폰을 덜 보겠다는 새해 결심을 입에 올리기 시작했다.

불과 몇 년 사이에 디지털 기술에 대한 반응이 달라졌다. 처음에는 흥분해서 너도나도 한 번씩 시도해 보려 했다면, 이제는 다들 어떻게든 (한시적으로라도) 피해 보려 애쓰고 있다.

여기까지는 지금 삼십 대 중반쯤 된 독자들이라면 잘 아는 이야기다. 하지만 우리가 디지털 기술과 맺는 관계는 또 다른데, 그것은 단순히 거기에 얼마나 시간을 쓰느냐의 문제가 아니다. 이 이야기는 이 기술이 우리를 어떻게 형성하느냐에 대한 것이다. 화면과 알고리즘과 픽셀이 점점 더 많이 매개하는 삶에서 하나님의 형상대로 창조된 인간으로 산다는 것은 어떤 의미인지에 대한 것이다.

우리가 맞닥뜨려야 할 현실이, 가치 있는 도구를 과하게 사용하고 사랑하는 것의 문제가 아니라, 도구가 더는 도구가 아닐 때 벌어지는 현상의 문제라면 어떻게 될까? 우리가 인터넷을 더 인간적으로 사용하지 못하는 것이 문제가 아니라, 인터넷이 우리를 비인간적으로 만들고 있는 것이 문제라면 말이다.

물이란 무엇인가?

2005년에 케니언대학은 작가 데이비드 포스터 월리스(David Foster Wallace)를 졸업식 연사로 초청했다. 월리스는 짧은 우화로 연설을 시작했다. 바다에서 헤엄을 치던 어린 물고기 두 마리가 나이 든 물고기를 만난다. "잘 있었지, 애들아? 물은 괜찮아?" 어린 물고기 두 마리는 혼란에 빠져 서로 쳐다보다가 이렇게 묻는다. "도대체 물이란 게 뭐야?"

월리스는 이렇게 설명했다. "물고기 이야기의 핵심은 가장 명백하고 중요한 현실이 실제로는 가장 보기 힘들고 이야기하기 힘든 현실이라는 것입니다." 이 예화는 청중에게서 가벼운 웃음을 끌어내는 동시에, 그들에게 심오한 진리를 전달한다. 우리는 우리 주변을 둘러싸고 있는 것을 당연하게 여기고, 당연하게 여기는 것에 대해서는 생각하지 않는다. 월리스는 케니언대학 졸업생들에게 그들 앞에 있는 가장 힘든 과제가 '세상을 바꾸는' 일이 아니라 제대로 된 것에 관심을 집중하는 일이라고 알려 주기 원했다.

대학을 졸업하고 20년이 지나서야, 저는 학생들에게 생각하는 법을 가르친다는 인문학 교육의 진부한 표현이 실제로 훨씬 더 심오하고 중요한 생각을 함축하고 있다는 것을 깨닫게 되었습니다. 어떻게 사고하느냐를 배우는 것은 사실 어떻게 생각하고 무엇을 생각할지에 대한 일종의 지배력을 행사하는 법을 배우는 것입니다. 이는 어떤 것에 주의를 기울일 것인가 그리고 그 경험으로부터 어떻게 의미를 구성할 것인가를 선택할 수 있도록 충분히 의식적으로 깨어 있느냐의 문제입니다. 만약 성인이 되어서 이런 선택을 할 줄 모른다면, 여러분에게는 전혀 희망이 없을 것입니다.[11]

즉 우리는 물고기다. 우리는 깊은 현대 세계를 날마다 헤엄치면서, 너무 익숙해서 제대로 보지 못하는 장소와 사물과 개념을 지나친다. 자각 없이 자동적으로, 당연하게 하루하루를 살다 보니, 우리 경험에 가장 가까운 것들에 대해 진지하게 생각하기는커녕 인식 자체를 하지 못할 때가 많다. 자기가 사는 세상이 '물'인지도 모르고 평생 살아온 물고기처럼, 우리도 달리 애쓰지 않고 그냥 받아들인다.

무언가를 인식하지 못하거나 반성적으로 사고하지 못하면 그 현실을 바꾸지 못한다. 지하 대피소에서 산다고 태양이 어두워지는 게 아닌 것처럼 무언가를 당연히 여긴다고 해서 그 중요성이 줄어들지는 않는다. 월리스가 케니언대학 졸업 연설에서 하고 싶었던 말은 우리 주변의 '물'이라는 현실을 볼 수 있느냐 없느냐가 궁극적으로 '우리가' 얼마나 잘 살고 있는지를 보여 준다는 것이다. 물은 거기에 있다. 주어진 것, 피할 수 없는 것이다. 중요한 것은 우리가 물에서 살 수 있느냐가 아니라, 그것을 물로 볼 수 있느냐다.

이것은 물이다

소셜 인터넷이 우리 삶을 지배하고 재조정하게 되었기 때문에 그것이 우리의 정서나 가치관, 세계관에 어떻게 영향을 미치는지를 상상하기란 쉽지 않다.[21] 젊은 사람들은 소셜 미디어에 꽤 시간을 투자했다고 느낄 만큼, 혹은 소셜 미디어 이전의 삶을 또렷이 기억할 만큼 나이가 많지 않은 반면, 소셜 미디어 이전의 삶을 기억하는 사람들은 젊은이들이 겪는 그 몰입 효과를 이해할 개념 자체가 없는 경우가 많다. 더 나아가, 디지털 기술의 편재성은 그 본질을 흐릴 수 있다. 소셜 인터넷이 매일의 일상에 자연스레 녹아들면서, 그것이 우리 삶에 어떤 사상이나 가치 체계를 가져올 수 있다는 사실을 생각하지 못하게 되는 것이다. 물속에 있는 물고기처럼, 그것이 우리가 아는 전부이기에 제대로 보지 못한다.

지난 몇 년간, 기독교 신학자들을 비롯한 많은 사람이 새로이 등장한 성인 세대가 '표현적 개인주의'에 속한다고 묘사했다. 사회학자 로버트 벨라(Robert Bellah)는 표현적 개인주의를 다음과 같이 정의한다. "표현적 개인주의는 사람마다 고유한 감정과 직관이 있어서 개성을 실현하려면 이를 드러내거나 표현해야 한다고 주장한다."[3] 다시 말해서, 현대 세속 세계의 대다수 사람은 자신의 내적 욕구와 야망을 온전히 성취할 수 있도록 주변을 정리하는 것이 행복과 만족과 삶의 의미를 찾는 열쇠라고 믿는다. 만약 이 욕구와 야망이 공동체나 종교의 그것과 일치한다면, 좋은 일이다! 하지만 그렇지 않더라도, 바꿔야 하거나 포기해야 할 쪽은 내가 아니라 공동체나 종교다. 표현적 개인주의에 따르면, 삶의 무게 중심은 나 자신이다.

트레빈 왁스(Trevin Wax)는 『자신에 대해 다시 생각하기』(Rethink Yourself)에서 이 세계관을 '들여다보기'에 대한 부르심으로 설명한다. 자신의 욕구와 자아감을 살펴보고 거기서 삶의 의미를 찾는 것이다. 그는 이렇게 쓴다.

> 삶을 '들여다보는' 접근법은 이런 뜻이다. 그 목적은 내면을 들여다보고 당신이 정말로 어떤 사람인지(무엇이 당신을 독특한 존재로 만드는지) 발견한 다음, 당신의 진정한 자아를 붙들고 그 자아를 타협하지 않고 온전히 드러내는 것이다. 당신은 누구인가? 당신만이 그 답을 알 수 있으며, 그 답을 찾는 방법은 마음속 깊은 곳을 들여다보고 자신의 독특함을 발견하여 인생에서 가장 원하는 것이 무엇인지 알아내는 것이다.[4]

표현적 개인주의는 전형적인 세속의 신조다. 거의 모든 히트곡의 후렴구요, 모든 디즈니 영화의 숨은 의미이며 현대 교육과 자녀 교육과 심지어 다수 현대 종교의 최종 안식처다. 왜, 어떻게 이런 일이 벌어졌는지는 아주 솔깃한 이야기다.[5]

우선, 우리가 기억해야 할 요점은 표현적 개인주의가 21세기 현대인을 둘러싸고 있는 '물'이라는 것이다. 깊은 물속에 있으면서도, 그것이 우리가 아는 전부이기에 우리는 그것을 거의 인식하지 못한다.

그것을 깨닫기 위해 가장 중요한 것은, 표현적 개인주의라는 철학 혁명과 함께 디지털 기술 혁명이 폭발했고 그 과정에서 기술 혁명이 표현적 개인주의의 가장 중요하고 매력적이며 효과적인 도구를 제공했다는 것이다.

우리가 아는 인터넷은 매우 최신 발명품이다. 가장 기본적인 형태의 인터넷 컴퓨팅은 20세기 후반부터 존재했지만, 훈련된 전문가가 아니고서는 사용할 수 없었다.

월드 와이드 웹으로 알려진 상업용 인터넷은 1990년대의 산물이다. 1997년에는 직전 3개월 사이에 인터넷 기술을 이용했다고 대답한 미국인은 21퍼센트에 불과했다. 2007년에 그 수치는 75퍼센트에 달했다. 2018년에 이르면 미국인의 85퍼센트(약 2억 5천만 명)가 최소한 부정기적으로 인터넷 기술을 이용하게 된다.[6]

아마도 더 중요한 점은, 대부분의 시간을 로그인한 채 보내는 사람들의 숫자가 최근 급격히 늘었다는 것이다. 미국 성인의 85퍼센트가 날마다 온라인에 접속하고, 약 3분의 1이 '거의 항상' 온라인에 접속한다고 답했다.[7] 다시 말해, 약 20년 만에 인터넷은 소수의 취미에서 다수의 일상으로 자리 잡았다.

그 이유는 재미있는 영상을 보거나 스포츠 통계를 보거나 가끔 메일을 보내는 등 인터넷이 단순한 여가 수준에 머물지 않았기 때문이다. 오늘날 많은 산업이 인터넷을 중심으로 돌아간다. 이런 직업군에서는 온종일 이메일, 영상 회의, 파일 호스팅, 소셜 미디어 등에 접속해야 한다. 21세기 전형적인 직장인은 대부분의 업무를 온라인에서 처리하고, 대부분의 휴식 시간에 소셜 미디어를 훑어보거나 팟캐스트를 듣고, 집에 가서는 대부분의 자유 시간에 넷플릭스를 시청하거나 온라인 게임을 하거나 웹 서핑을 한다.

어떤 사람들은 텔레비전 프로그램을 '몰아 보거나' 소셜 미디어 피드를 스크롤하면서 하릴없이 시간을 보내는 것에 죄책감을 느끼기도 하지만, 핵심은 이런 리듬이 현대 세계에서는 그다지 이상하지 않다는 것이다. 주변부를 조금 정리할 수 있을지는 몰라도, 인터넷에 둘러싸인 삶은 우리 시대에 드물지도 않고, 놀라운 일도 아니다. 업무에서 데이트, 영화에서 음악, 우정에서 교회에 이르기까지 스크린이 현대 사회의 대부분을 매개하고 있다.

웹이 우리가 사는 물이라면, 표현적 개인주의는 그 물에 퍼져 있는 염소다.

도구인가 선생인가?

인터넷은 포르노그래피와 매우 흡사하다.

잘못 쓴 문장이 아니다. 내 말은 인터넷에 포르노가 많다는 뜻이 아니다. 인터넷의 성격 자체가 포르노와 같다는 것이다. 인터넷은 본질적으로 포르노그래피와 성격이 같다.

내 말에 혼란스러울 독자가 많을 것이다. 지난 수십 년간, 그리스도인들은 인터넷 자체보다 인터넷이 제공하는 내용에 초점을 맞추는 경향이 있었기 때문이다. 우리는 웹이 영적으로 위험한 사진과 영상을 제공할 수 있다는 점에 크게 집중한 반면, 웹이라는 '형식 자체'가 어떻게 우리를 시대정신의 이미지로 형성하는지에는 관심을 덜 두었다.

인터넷에 해로운 콘텐츠가 많다는 데는 이견이 별로 없을 것이다. 하지만 인터넷이 제공하는 것만 따로 떼어 생각하고 인터넷의 본질적 특성은 따지지 않을 때, 우리는 더 근본적인 질병은 방치한 채 그저 증상만 치료하려 애쓰는 셈이 된다.

'순결한 온라인 생활'은 훌륭한 목표지만, 순결을 한 가지(특정 콘텐츠를 피하는 것)로 정의하는 것은 성경이 말하는 지혜로운 삶이라는 이상을 놓칠 뿐 아니라 역설적으로 우리를 하나님 없는 사상과 생활 방식에 더 취약하게 만든다. (실제로 모든 변수가 동일하다면) 웹에서 저속하거나 노골적인 콘텐츠를 피하는 동시에 그리스도인답지 못한 방식으로 웹의 영향을 받는 것은 얼마든지 가능하다.

굉장히 이상한 말처럼 들릴 수도 있다. 죄가 되는 온라인 콘텐츠를 멀리하고 있는데, 도대체 어떻게 인터넷이 우리를 부정적인 방식으로 '형성할' 수 있다는 말인가? 우리는 기독교 신앙을 폄하하는 기사나 팟캐스트, 영상을 피하려고 애쓴다. 기술은 중립적인 도구이기 때문에 우리가 어떻게 사용하느냐가 중요한 것이 아닌가? (많은 사람이 말하듯이) 그 핵심은 웹을 좋은 용도로만 활용하는 것이다. 친구들과 연락을 주고받고, 건전한 콘텐츠를 소비하고, 업무와 학업의 효율성을 높이는 것처럼 말이다. 포르노그래피나 반기독교적인 콘텐츠의 유혹을 거부한다면, 웹은 우리의 친구가 아닌가?

이 책에서 나는 앞 단락의 가정이 틀렸다고 설명하려 한다. 인터넷(특히 소셜 인터넷)은 중립적인 도구가 아니라 그 구성원들을 특정한 방식으로 생각하고 느끼고 믿게 만드는 인식론적 환경(영적이고 지적인 서식지)이다.[8] 웹이 사용자들의 욕구에 반응하는 도구라는 말은 어떤 의미에서는 사실이다. 하지만 웹은 드라이버나 렌치 같은 도구와는 다르다. 웹은 우리에게 말을 건다. 우리가 웹에 말하면 웹은 대답하는데, 이 대화가 디지털 시대에 점점 더 커지는 삶의 한 측면을 구성한다.

웹과 소셜 미디어를 사용자의 요구를 무엇이든 들어주는 중립적인 도구로 생각하기보다는 계속해서 우리를 특정한 방식으로 생각하고 느끼고 의사소통하고 살도록 형성하는 공간으로 생각하는 편이 낫다. 다시 말해, 소셜 인터넷은 전례적 환경이다.

제임스 스미스(James K. A. Smith)는 특정 습관과 환경이 우리 욕망에 미치는 효과를 강하게 주장했다.[9] 앞으로 살펴보겠지만, 가장 '비종교적'이라고 할 만한 공간조차도 굉장히 영적이다. 그런 공간들은 좋은 삶에 대한 이야기를 들려준다. 좋은 삶이란 어떤 삶인지, 어떻게 하면 그렇게 살 수 있는지에 대해 말이다. 이런 영적 서식지는 우리가 특정한 서사에 몰입하게 함으로써 우리 마음을 훈련하고, 특정 사상과 행위를 더 바람직하게(다른 사상과 행위는 그 반대로) 만들어 준다.

웹도 이야기를 들려준다. 실체가 없고 파편화된 인터넷의 특성은 단순한 특성이 아니라 웹의 본질적인 속성이며 따라서 웹이 전달하는 이야기의 일부이기도 하다. 앞으로 살펴보겠듯이, 인터넷의 형식은 우리가 읽고 사고하고 느끼고 믿는 방식을 근본적으로 바꾸어 놓는다. 웹과 소셜 미디어의 디지털 전례는 물리적 세상이라는 객관적 현실로부터 우리를 분리하면서, 우리가 자신의 이야기와 경험에 궁극적인 권위를 투자하도록 길들인다.

그렇다면 '네가 하고 싶은 대로 하라.'는 상대주의적 시대정신 속에서 그토록 많은 사람이 온라인에서 자기 평판이나 경력이 망가지는 모습을 무력하게 지켜보며 수치심을 느끼고 '끌려다니는' 이유는 무엇일까? 단지 일부 못된 사람들 때문이 아니다. 웹이라는 '형식'이 도덕적 화해를 약화하기 때문이다.

다음은 우리가 거의 날마다 마주하는 '디지털 전례'의 일부다. 이것들은 중립적이지 않다. 우리에게 끊임없이 인상을 남기는 신학적이고 철학적이고 실존적이며 도덕적인 이야기다. 곧 우리 영혼을 형성하는 서사다.

복음의 아날로그 진리

무기력하고 미친 듯이 돌아가는 시대에 그리스도인으로 살면서 좋은 점은 새로운 사상이나 태도를 모두 쫓아다닐 필요가 없다는 것이다. 그리스도인은 밤마다 잠자리에 들면서 우주의 창조주가 주신 완벽하게 신뢰할 만하고 완벽하게 견고하며 완벽하게 선한 말씀이 자신에게 있음을 안다. 별을 창조하신 분이 성경이라는 책 한 권에 우리에게 필요한 지혜와 진리와 소망을 넣어 주셨다. 성경은 우리 인생에 의미와 방향성을 제시하는 거대한 서사, 가장 중요한 이야기, 곧 예수님의 복음을 계시해 준다.

데이비드 포스터 월리스는 케니언대학 졸업생들에게 현실을 있는 그대로 봄으로써 '경험으로부터 의미를 구성할' 수 있기를 바란다고 말했다. 디지털 시대에 그리스도인들이 맞닥뜨리는 도전은 다르다. 우리는 의미를 구성할 필요가 없다. 이미 주어진 의미를 붙들기만 하면 된다.

날마다 우리에게 설교하는 디지털 전례의 백색 소음 가운데서 복음은 놀랍도록 만족스러운 아날로그 진리다. 나중에 더 자세히 이야기하겠지만, 여기서 '아날로그 진리'라는 말은 복음 이야기가 물리적인 실재에 깊이 뿌리내리고 있다는 뜻이다. 하나님은 예수님의 복음을 보존하기 위해 물리적인 책에 복음을 담으셨다. 진짜 인간이 성령님의 영감을 받아 물리적인 단어를 기록한 이 책은 말씀하시는 하나님에 대해 통일된 이야기를 들려준다. 이 하나님은 우리를 죄에서 구원하시고 자기 집착의 노예 상태에서 해방하시며 언젠가 우리를 일으키사 몸과 영혼이 영원히 그분과 함께 살게 하시려고 성육신하여 진정한 인간이 되셨다.

우리 시대의 디지털 전례를 복음의 아날로그 진리와 대비하기 전에, 웹의 시대정신이 얼마나 얄팍하고 진실하지 못하며 만족스럽지 못한지 살펴보려 한다.

시작하기 전에 우선 한 가지를 정의하고 두 가지를 당부하고 싶다. 첫째, 나는 이 책에서 '인터넷', '웹', '소셜 미디어', '디지털 기술' 같은 단어들을 사용할 텐데, 대부분의 경우에 이 말들은 같은 대상을 가리킨다. 처음부터 이를 인지하는 것이 중요한데 엄밀히 말하자면 인터넷, 웹, 소셜 미디어, 디지털 기술은 모두 다른 개념이기 때문이다. 이것들은 몇 가지 공통점이 있기는 하지만 똑같지는 않다. 하지만 이 책에서는 이 모두가 한 가지 개념을 가리킨다. 이 개념은 곧 연결된 장치를 통해 우리가 들어가는 실체가 없는 전자 환경으로, 물리적 형태로는 접근할 수 없는 정보, 관계, 미디어에 접근하기 위해 존재하는 공간이다.

다음으로 첫 번째 주의 사항은 이 책은 그리스도인들이 인터넷을 멀리해야 한다고 주장하지 않는다는 것이다. 나는 독자들에게 영원히 플러그를 뽑고 숲속 오두막에 들어가 문명을 떠나 살면 더 좋은 그리스도인이 될 수 있다고 말하려는 게 아니다. 이 책을 읽는 대부분의 독자에게 그런 일은 불가능할뿐더러, 그렇게 한다고 해서 우리가 원하는 목적을 달성하지도 못할 것이다.

예수님이 십자가에 달리시기 전에 제자들을 위해 기도하셨을 때 제자들을 세상에서 데려가시지 말고 하나님의 진리의 능력으로 보전해 달라고 구체적으로 기도하셨다(요 17:15-17). 세상의 전례에 몰입하는 것이 예수님을 향한 우리의 신실함이나 사랑을 결정짓는 요인은 아니다. 오히려 웹이 우리를 어떻게 형성하는지 확인함으로써 우리는 이 기술을 더 신중하게, 더 현명하게, 더 그리스도인답게 사용할 수 있다. 세상에 있다고 해서 반드시 세상에 속한 것은 아니다.

둘째로 이 책을 자신이 가르치는 내용을 완벽하게 실천하고 있는 이의 설교로 읽어서는 안 된다. 오히려 정반대가 사실에 가깝다. 내 지난 십여 년의 삶은 온라인이라는 허상으로부터 내 시간과 관심, 애정을 되찾기 위한 몸부림으로 점철되었다. 이 싸움은 승리보다는 실패로 보일 때가 더 많았다. 그래서 이 책의 내용은 모범적인 생활 방식의 결과가 아니라, 나 자신과 나와 가까운 이들의 내면에서 발생한 영적·정신적 긴장을 이해하기 위한 여정의 결과라고 할 수 있다.

이 우리를 형성하는 능력을 내가 주시하는 까닭은 나와 다른 사람들이 그것을 몸소 체험했기 때문이다. 특히 나는 내가 책을 읽고 생각하는 방식에서 변화를 감지했는데, 이런 변화가 내 성인기의 대부분을 지배한 웹의 영향력과 직접적으로 연관되었다고 생각한다. 또 단순한 성격적 특징이 아니라, 우리가 의견을 형성하는 방식, 의견이 다른 사람들과 관계를 맺는 방식, 그리고 시간을 투자하는 방식에서 의미심장한 변화가 일어났음을 나 자신과 지인들을 통해 확인할 수 있었다.

지난 수년 동안 나는 성경의 진리가 어리석거나 믿기 어렵다고 여러 번 느꼈다. 그에 반하는 강력한 주장을 만나서가 아니라, 온라인에 확산되는 생각과 밈, 사고방식이 성경의 진리와 맞지 않는다고 느껴졌기 때문이다. 특히 지난 몇 년간은 하나님을 경외하는 진실한 사람들이 어리석은 행동을 했다는 증언을 보고 들었다. 지성이 부족해서가 아니라, 날마다 사소한 논란과 값싼 분노, 대단치 않은 논쟁에 빠져서 그렇게 된 것이다. 이렇게 문제가 생길 때마다, 많은 경우 마음속을 파고든 디지털 전례가 범인이었다.

이 이야기는 우리 많은 사람의 이야기다. 기술에 관한 이야기이기도 하지만, 더 깊이 들어가면 예배에 관한 이야기다.

Digital Liturgies

PART 1

진리와 테크놀로지

—

온라인 기술이 우리 삶을 형성하는 힘을 생각할 때 우리는 모든 진리의 출발점인 하나님에서부터 시작해야 한다. 온라인 세계의 영향력을 설명할 수 있는 사람이 거의 없는 이유는 이와 대조할 인간 번영의 기준을 가진 사람이 너무나도 적기 때문이다. 세상은 철저히 '기술을 우선시하는' 곳이다. 앞으로 살펴보겠지만, 이것은 우연이 아니다. 디지털 기술 대부분은 인류가 인간성을 초월해 그 이상을 성취하는 것을 돕는 논리에 따라 발명되었기 때문이다. 실제로, 인간이 끝없이 자신을 최적화하는 존재에 불과하다면, 이는 완벽히 이해가 된다. 인체의 한계를 탈피하기 위해 가능한 한 모든 도구를 사용해야 하지 않겠는가?

그러나 기독교는 이런 서사에 반박한다. 온 인류를 향한 하나님의 말씀인 성경을 펼치면 사뭇 다른 의미와 목적을 볼 수 있다. 우리는 스스로 생성된 존재가 아니라 다른 어떤 존재의 형상대로 창조되었다. 우리는 무한하거나 독립적이지 않고, 우리 주변 세상과 다른 사람들에게 의존하는 피조물이다.

가장 중요한 사실은, 어떻게 살아가야 하느냐는 질문은 알 수 없는 수수께끼나 각자 선택하는 모험이 아니라 우리가 받아들여야만 하는 진리라는 것이다. 현실에는 객관성이 있으며, 우리가 온전하게 잘 살아가기 위해서는 인간 피조물로서 이 객관적 현실을 받아들여야 한다. 성경은 이 객관적 현실에 대한 우리의 반응을 '지혜'라고 부른다. 지혜는 현실적이며 구체적이다. 그런데 디지털 시대에는 이 지혜가 희미해져 버린다.

지혜란 무엇인가? 무엇이 지혜를 구성하는가? 그리고 인간의 디지털 기술은 우리가 지혜를 추구하는 것을 어떻게 방해하는가? 이런 것들이 1부에서 다룰 주제다. 이 책의 내용이 성경이 매우 초월적이면서도 철저하게 실용적인 삶의 방식을 우리 모두에게 제공한다는 사실을 독자들에게 설득할 수 있기를 바란다. 복음의 전례는 디지털 생활이 유혹하는 일상의 탈출을 뛰어넘는 놀라움을 제시한다.

01

얼굴 없는 시대,
체화된 지혜

외로운 우주의 칠흑 같은 한 구석, 잘 차려입은 남자가 거대한 우주 정류장에 조용히 도착한다. 그는 중요한 작업을 시작하기 전에 정류장 안의 한 벽으로 다가간다. 거기에는 작은 텔레비전만 한 화면이 있다. 남자는 별생각 없이 화면 가까이에 있는 버튼을 몇 개 조작한다. 순식간에 화면에 뜬 얼굴이 유리 너머 그를 바라본다. 지구에 있는 그의 딸이다.

딸의 얼굴이 얼마나 또렷하고 밝은지, 딸이 37만 킬로미터 떨어진 침대가 아니라 바로 코앞에 서 있는 것만 같다. 두 사람은 그리 크지 않은 목소리로, 마치 한두 발짝 떨어져 있는 듯 이토록 엄청난 거리를 뛰어넘어 대화를 나눈다. 실시간으로 이루어지는 영상 통화는 매우 또렷하고, 소리도 근거리에서 들리는 듯 잡음이 없다. 둘은 간단한 대화를 나누고서 잘 지내라고 인사한다. 그러고는 마지막으로 팔을 뻗어 카메라 바깥쪽 어딘가 보이지 않는 버튼을 누른다. 모니터가 꺼지고 나면, 또다시 두 사람은 각자 다른 행성에 있다.

독자들은 (아마도!) 21세기 어느 한 시점에서 이 책을 읽고 있기 때문에 조금 전 장면이 어느 우주인의 평범한 하루를 묘사한 것처럼 들릴 것이다. 크게 특별하다는 생각은 들지 않았을 텐데, 앞 단락에 나오는 모든 기술과 그 기술로 인한 경험이 우리 시대에는 당연하게 여겨지기 때문이다. 페이스타임, 스카이프, 라이브 스트리밍, 5G처럼 그런 기술을 지칭하는 용어도 있다. 이런 도구를 사용하기 꺼리는 사람들조차도 이것들 없이 사회에서 활동하기는 힘들 것이다.

하지만 인류가 늘 이랬던 것은 아니다. 사실, 내가 조금 전에 묘사한 장면은 현대 우주인의 기록이 아니라, 1968년에 제작된 고전 SF 영화 〈2001 스페이스 오디세이〉(2001: A Space Odyssey)[1] 앞부분의 한 장면이다. 소설가 아서 클라크(Arthur C. Clarke)의 단편을 스탠리 큐브릭(Stanley Kubrick)이 영화화한 이 작품은 가까운 미래를 현란하게 그리고 있다.

이 장면은 감독이 만들어 낸 시각 효과로, 당시 이 영화를 본 관객들은 그것이 현실이 아닌 영화적 상상임을 알고 있었다. 버튼 두어 개를 눌러 다른 행성에 사는 딸을 불러내고 실시간으로 대화를 나누는 설정은 인공지능 할(HAL) 9000과 마찬가지로, 그저 허구일 뿐이었다. 1968년에 이런 것들은 스크린에서나 가능한 미래의 꿈이었다.

요즘에는 이런 꿈들을 값싼 케이스로 포장해 주머니에 넣고 다닌다. 요즘에는 이런 미래의 꿈을 매일 밤 침대 머리맡에서 충전한다. 요즘에는 직장에서부터 학교, 취미, 교회까지 거의 모든 것이 한때 영화가 부렸던 마술에 의존하고 있다. 우리는 이런 것들을 당연하게 여길 뿐 아니라, 생각대로 빨리, 확실하게, 효율적으로 작동하지 않으면 당황한다. 일상에 너무 깊숙이 자리한 이것들을 들여다보느라 목과 허리 통증에 시달린다. 심지어는 이런 미래 기계들이 실제로 우리와 대화하지 않을 때도 마치 말을 걸고 있다고 생각하게 만드는 틱 장애까지 생겼다.[2]

60년 전 영화의 마법 같은 장면이 이미 이렇게 일상으로 자리 잡았다는 사실이 놀랍기만 하다. 인간의 기술 세계는 인류 문명의 다른 어떤 시대도 이해하기 힘든 방식과 속도로 변화해 왔다. 그리고 우리 대부분은 자신이 살아가는 이 세계조차도 온전히 설명할 수 없다.

많은 사람이 마치 이런 농담을 하는 코미디언과 비슷하다. 그는 자신이 중세 시대로 돌아간다면, 사람들에게 스마트폰과 인터넷 기술의 발전에 대해 말하겠지만, 그들이 어떻게 그런 기술이 가능한지 물으면 "나도 몰라요."라고 답할 수밖에 없을 거라고 했다.

웃긴 이야기지만 사실이 그렇다. 우리는 우리가 사는 세상을 잘 모른다. 우리는 데이비드 포스터 월리스의 우화에 등장하는 '물'이 뭔지 모르는 물고기와 아주 비슷하다. 평생 깊은 물속에서 헤엄쳐 왔기에 다른 무언가에 대한 개념이 없다.

생활의 대부분을 영구히 바꿔 놓은 과학 기술 혁명을 우리가 거의 이해하지 못한다는 사실은 영적이고 정서적이고 문화적인 딜레마를 낳는다. 지난 30여 년의 디지털 기술이 서양 사회를 철저하면서도 신속하게 뒤바꿔 놓았지만, 우리는 그저 시류를 따랐을 뿐이다. 신제품을 사고, 새로운 플랫폼에 가입하고, 최신 콘텐츠를 스트리밍한다. 그 과정에서 많은 사람이 이 모든 화면과 픽셀 때문에 우리 공동체와 친구들, 스스로가 달라진 것을 느낀다. 예를 들어 눈의 피로로 인한 두통은 우리에게 뭔가 달라졌다고 알려 준다. 드라마 정주행 습관은 우리에게 뭔가 달라졌다고 알려 준다. '좋아요'를 끝없이 주고받은 뒤에 찾아오는 불안과 외로움, 고립감은 우리에게 뭔가 달라졌다고 알려 준다. 하지만 그게 정확히 뭔지는 모른다. 우리는 점점 더 많은 정보에 접근할 수 있는데도 우리가 사는 세상을 점점 더 모르겠다고 느낀다.

〈2001 스페이스 오디세이〉가 강력한 한 가지 이유는 영화가 그리는 기술적인 에덴이 결국에는 붕괴하기 때문이다. 신과 같은 능력으로 우주인들의 우주 탐사 임무를 관장하는 할 컴퓨터는 인간 주인에게 등을 돌린다. 결국, 큐브릭과 클라크는 인류의 발명이

비인간적으로 변하는 세계를 상상한 것이다. 〈2001〉의 세계는 세련된 기술로 성경이 우리에게 말하는 훨씬 더 중요한 무언가의 빈자리를 은폐하는 분열된 세계다. 그 무언가는 이처럼 놀랍고 때로는 무시무시한 세상에서 우리가 인간답게 살아갈 수 있게 이끌어 준다.

그것은 바로 지혜다.

지혜란 무엇인가?

지혜란 무엇인가? 문화적으로 말해서, 우리는 지혜를 정확한 결정을 내리는 능력과 동일시하는 경우가 많다. 많은 경우에 지혜와 '정답을 찾는 것'을 동의어로 여기기 때문에 '대중의 지혜'라는 개념이 등장하는데, 이는 충분히 많은 사람에게 물으면 정답에 도달할 가능성이 높아진다는 뜻이다.

사람들은 지혜와 경험을 하나로 보기도 한다. 많이 보고 경험한 사람을 두고 "지혜롭다."라고 말하기도 하고, 순진하거나 방향을 잃은 젊은이에게 "현명한 사람이 되라."라고 충고하기도 한다. 어쨌든, 지혜라는 개념은 상대적인 경우가 많다. 즉 지혜는 특정한 과제나 문제를 해결해 나가는 한 사람의 자질을 측정하는 개념인 것이다.

성경이 말하는 지혜는 조금 다르다. 기독교의 지혜는 전인적이다. 단순히 책으로 배운 지식이나 세상 물정에 밝은 것을 가리키지 않고, 우리가 배운 교훈의 총합을 가리키지도 않는다. 오히려 기독교의 지혜는 현실에 합당하게 살아가는 삶을 말한다.

신학자 트렘퍼 롱맨 3세(Tremper Longman III)는 유용한 책 『지혜신학 개론』(The Fear of the Lord Is Wisdom)에서 성경적 지혜에는 세 가지 핵심 차원이 있다고 설명한다. 그것은 바로 삶의 기술(실용적 기술), 좋은 사람이 되는 기술(윤리적 기술), 하나님을 두려워하는 기술(신학적 기술)이다.[3] 이 모든 삶의 방식이 지혜로운 까닭은 그것이 주권적인 창조주의 명령일 뿐 아니라, 세상의 객관적 현실에 부응하기 때문이다.

실용적 지혜는 관계, 직업, 개인의 맥락에서 무슨 일이 벌어지고 있는지 분별할 수 있는 기술이다. 특히 (욥기, 전도서와 함께 기독교 성경의 '지혜 문학'에 속하는) 잠언에서, 정말로 지혜로운 사람은 혼란스럽거나 갈등을 유발하는 상황에서 올바른 행동의 길을 분별할 줄 아는 사람이다. 롱맨은 이 지혜가 "오늘날의 감성 지능과 비슷하다…잠언에 나오는 지혜로운 사람처럼 감성 지능이 뛰어난 사람은 적절한 때에 적절한 말을 할 줄 안다."[4]라고 설명한다. 다시 말해, 남들은 현실을 잘못 해석하여 때에 맞지 않은 언행을 하지만, 지혜로운 사람은 '제대로 분위기를 파악'한다. 겉모습만 보지 않고 사람과 사물의 실상을 꿰뚫어 본다.

단순히 어떤 관용구나 표현을 외운다고 해서 이 지혜를 얻을 수 있는 것은 아니다. 사람과 세상의 실재에 대한 산 지식이 필요하다. 인간 본성에 대한 얕은 지식으로 무장한 사람이 친구에게 조언했다가는 엄청난 역효과만 낼 것이다. 그 조언이 객관적 현실 인식에 뿌리내리고 있지 않기 때문이다. 충동의 노예가 된 사람이 내리는 결정은 스스로를 심각한 곤경에 빠뜨릴 텐데, 감정 때문에 그 상황의 구체적인 사실에 무관심해지기 때문이다. 지혜란 실재의 관점에서 일상을 살아가는 것이다.

그러나 이런 지혜는 단순한 감성 지능만을 뜻하진 않는다. 실재의 관점에서 살아가는 삶에는 도덕적 차원이 존재하는데, 롱맨은 이를 지혜의 '윤리적 차원'이라고 부른다. 세상에 정말로 옳고 그름이라는 것이 있다면, 객관적 도덕 기준이 이 우주에 실재한다면, 지혜로운 사람은 그 진리의 관점에서도 살아가야 한다. 성공한 인생을 살려는 욕구만으로는 부족하다. 미덕이라는 실재가 우리를 형성해야 한다.[5)]

불과 얼마 전까지만 해도 서구 사회의 많은 사람들은 '객관적 도덕성'에 대한 논의는 기껏해야 잘못되었고 최악에는 독재적이라고 믿었다. 그리고 포스트모더니즘 철학은 보편적인 윤리 기준이란 없다고 여겼다. "당신에게 진리인 것은 당신에게 진리고, 내게 진리인 것은 내게 진리다." 하지만 도덕적 상대주의는 특히 기독교를 거부한 이들 사이에서 난관에 부딪혔다. 이제는 가장 열렬한 상대주의자조차도 "인종 차별은 언제나 잘못이다." 혹은 "정의로운 사회라면 여성이나 성 소수자에 대한 폭력과 차별을 용납해서는 안 된다."라는 데 순순히 동의할 것이다. 현대 서구 사회는 성경이 잊지 않았던 사실, 곧 옳고 그름에 대한 객관적 기준이 인간 존재의 핵심에 깊이 심겨 있다는 사실을 재발견했다. 그런 기준이 없다면 우리는 온전한 인간이 될 수 없다.

롱맨이 말하는 성경적 지혜의 세 번째 차원은 신학적 차원이다. 이 차원에 대해서는 잠시 후에 좀 더 이야기하겠지만, 우선은 지혜의 신학적 차원을 요약하면 곧 잠언이 요약한 다음 내용과 같다. "여호와를 경외하는 것이 지식의 근본이거늘 미련한 자는 지혜와 훈계를 멸시하느니라"(잠 1:7). 우리가 일상에서 객관적인 진리의 길과 미덕의 기준을 분별하려고 아무리 애쓴다 하더라도, 지혜의 가장 근원적인 측면이 남아 있다. 지혜는 여호와를 경외하는 것이다. 온전한 지혜는 현실을 직시하고 그 실재의 주인, 곧 위엄 있고 주권적이며 우리의 충성을 받을 만한 그분을 안다.

롱맨의 말대로, "'여호와를 경외하는 것'에서 '경외'란 인류를 포함하여 만물을 창조하신 하나님 앞에 있다는 의식이다. 인간의 모든 존재는 오롯이 그분께 달려 있다. 이런 감정은 지혜에 적절한데, 하나님이 우리보다 훨씬 크심을 인정하는 것이기 때문이다."[6]

이런 의미에서, 진정한 지혜의 토대는 하나님의 하나님 되심을 볼 수 있을 뿐 아니라, 그런 시각에 타당하게 반응할 줄 아는 능력이다. 하나님은 어떤 막연한 관념이 아니다. 단순히 이론적으로 사유할 수 있는 철학적 논지가 아니다. 하나님은 어디에나 계신다. 편재하고 전지하며 전능하시다. 그분은 유일한 창조주요 그 창조 세계를 섭리하시는 유일한 분이다. 우리 우주를 비롯한 온 우주의 만물을 다스리시는 주권적인 분이다. 유려하게 표현된 유명한 책 제목처럼, "거기 계시며 말씀하시는 하나님"[71]이시다.

따라서 진정한 지혜의 핵심은 궁극적인 현실, 곧 실용적·윤리적·신학적 실재에 온전히 정렬된 삶이다. 지혜로운 사람일수록 자신과 주변 세상과 하나님을 있는 모습 그대로 볼 수 있다. 어느 설교자가 말했듯이, 지혜로운 인생은 하나님이 창조하신 실재에 반하지 않고 그에 따라 사는 삶이다.

아마 독자들은 이렇게 생각할지도 모른다. "좋은 말씀이네요. 그런데 이 모든 내용이 도대체 디지털 기술과 무슨 상관이 있죠?"

이 질문에 대한 답이 이 책의 요점이다. 성경을 따라 지혜로운 삶을 살고자 한다면, 실재에 걸맞은 삶을 살아야 한다. 그런데 성경과 인간 역사를 보면, 타락하여 죄를 지은 사람들은 기술을 사용하여 자신을 위한 대안적 실재를 만들어 낸다. 여호와를 경외하고 그분의 계시된 성품에 따라 살아가지 않아도 괜찮도록 그들을 소위 '해방해' 준다는 실재 말이다.

바벨탑에서부터 금송아지, 대서양 노예선에서부터 제3제국 화장장에 이르기까지 인류는 태초부터 자신들의 지혜로 창조주가 만드신 것과 다른 이야기로 다른 세상을 건설하려 했다. 앞으로 살펴보겠지만, 우리는 그저 가치 중립적인 도구를 가져다가 그것을 죄가 되는 방식으로 사용한 것이 아니다. 그 도구 자체가 인간의 현실관을 왜곡할 수 있다. 실제로, 이 '도구'는 우리가 하나님의 세계를 경험하는 방식을 바꿀 뿐 아니라 '왜곡'하기 시작하면서, 단순한 도구가 아닌 다른 것으로 변한다. 우상이 되는 것이다.

이쯤에서 이 책이 반기술주의를 표방하지는 않는다고 일러두는 것이 중요할 듯하다. 하나님과 그분의 실재를 왜곡하도는 도구를 우리가 얼마든지 만들고 사용하게 된 원인은 그 기술을 제공한 물질세계의 물질이 아니라 궁극적으로 우리의 죄다.

성경은 하나님이 우주의 모든 분자를 다스리시는 완전히 주권적인 분이며, 짚이나 나무, 철, 금, 실리콘 같은 물질이 고유한 특징을 지닌 까닭은 하나님이 그것들을 창조하셨기 때문이고, 그 각각의 특징은 하나님께 영광을 돌린다고 분명히 밝힌다.[8] 그러나 그와 동시에, 하나님의 형상을 지닌 인간은 땅을 정복하고 하나님의 다스림을 나타내라는 명령을 받았다(창 1:27-28). 그러기에 인류의 기술이 신학적으로 굉장히 중요하다는 것도 사실이다. 인간이 기술을 형성할 뿐 아니라 기술도 우리를 형성한다. 또한 '특정한 종류'의 기술은 우리를 특정한 방식으로 형성한다.

지혜로운 삶은 참되신 하나님이 그분을 우리에게 계시하셨다는 진리의 '결에 따라' 사는 삶이다. 그런데 컴퓨터로 인한 삶의 경험은 우리가 그 진리를 보고 인식하는 방식(과 얼마나 그 진리에 걸맞게 살 수 있는지)에 영향을 미친다.

이야기에는 삶을 뒤바꿔 놓을 수 있는 고유한 힘이 있다. 성경 이야기에서부터 신화 같은 전설을 들려주는 고대 음유 시인들, 현대의 위대한 문학 작품과 연극, 영화에 이르기까지의 이야기는 지적 논쟁보다 더 심오한 차원에서 우리를 사로잡는다. 인류 문화가 변화하면서 우리가 스스로에게 들려주는 이야기들도 변한다. 잠시 뒤에 살펴보겠지만, 우리를 사로잡고 뒤바꾸는 것은 이야기의 내용만이 아니다. 이야기의 형식도 마찬가지다. 이야기를 듣는 '방식'도 그 '내용'만큼 강력할 수 있다.

온라인 시대에는 기본적으로 현실 감각을 잃게 된다. 우리 자신과 기계들만 의지한다면, 지혜는 어리석고 미덕은 악해 보이며 하나님은 보이지 않는 듯 느껴질 것이다. 디지털로 연결된 현대 사회를 사는 모든 사람은 성경적 현실 이야기를 왜곡하는 윤리적·지적 환경 가운데 여전히 살고 있다.

내 말이 과장처럼 들릴지도 모르겠다. 물론, 핸드폰이나 앱이 주의를 분산시킨다는 사실은 누구나 막연하게 느낀다. 책을 더 많이 읽고 핸드폰은 덜 보기 원한다. 어쩌면 이건 단순한 시간 관리 문제일지도 모른다. 절제를 훈련하거나 생산성을 더 높인다면, 우리가 디지털에 몰두하는 현상은 해로움보다는 이로움을 더 끼칠지도 모른다. 어쩌면 우리에게 필요한 것은 더 유익하고 안전한 콘텐츠를 제공해 줄 좋은 기업인지도 모른다. 어쩌면 답이 없다는 게 정답일지도 모른다. 그러니 이 문제를 더 이상 크게 걱정하지 않아도 될지도 모르겠다.

하지만 사실 문제는 이보다 더 심각하다. 초연결 사회가 우리 시간을 너무 많이 잡아먹고 있기에 그것을 통제할 기술만으로는 부족하다. 문제는 많은 기술이 우리의 현실 인식을 근본적으로 바꾸고 있다는 것이다. 앞으로 살펴보겠지만, 우리가 주머니에 넣고 다니면서 온종일 무심히 들여다보는 그 디지털 기술이 모든 사람을 특정한 종류의 사상가로 만들고 있다. 그 기술의 패턴이 우리의 생각을 형성한다. 다시 말해, 우리는 현실을 보면서 실제 존재하는 것과는 다른 무언가를 보는 법을 습득하고 있다.

지혜의 핵심이 실재의 관점에서 사는 것이라면, 디지털 서식지는 우리를 그 실재와 (작지만 아주 현실적인 방식으로) 단절함으로써 지혜를 약화할 수 있다. 그러나 이 점을 파악하려면 디지털 기술을 관찰하는 것부터 시작해서는 안 된다. 마당의 실제 모습을 알아야 한다. 그래야만 색을 잘못 입힌 유리창이 시야를 가리고 있었는지를 확인할 수 있다. 즉 우리는 창문 너머를 확실히 보아야만 한다. 그제야 비로소 유리창에 무슨 문제가 있는지 분명해질 것이다.

우리를 형성하는 디지털 기술을 자세히 조사하기 전에, 우리는 먼저 인간이 어떤 모습이어야 하는지 알 필요가 있다. 종교 개혁가 존 칼빈(John Calvin)은 『기독교 강요』(*Institutes of the Christian Religion*)의 서두에 이렇게 썼다. "궁극적으로 참되고 견실한 지혜는 하나님을 아는 지식과 우리 자신을 아는 지식 두 부분으로 이루어져 있다."[9] 지혜로워지려면 자신을 있는 모습 그대로 볼 수 있어야 하는데, 하나님 말씀의 관점으로 그렇게 할 수 있다.

체현의 신학

인간이 어떤 존재인지 알아보기 위해 성경을 볼 때 우리가 발견하는 가장 중요하고 근본적인 사실은 '우리가 하나님의 형상대로 지음받은 몸을 지닌 피조물'이라는 것이다. 이 설명은 구구절절 중요하다. 하나님의 형상대로 창조된 인간은 그분의 성품을 반영하고 그분을 드러내며 그분을 대신하여 이 땅과 동물계를 다스린다. 동시에 우리는 피조물이다. 하나님의 창조 사역의 대상이다. 따라서 그분께 영구적으로 의존하고 복종하는 상태로 존재한다.

하나님이 창조주시고 우리는 피조물이며, 이 순서는 절대 바뀌지 않는다. 피조물이라는 지위는 두 가지를 전제한다. 피조물 됨은 우리 능력과 권위를 제한하는데, 피조물은 하나님이 필요하고 하나님은 우리가 필요 없으시다는 사실을 깨닫는다. 둘째, 우리는 어쩌다가 자연에 나타난 사고나 실수가 아니기에 피조물의 지위는 놀라운 존엄과 명예를 부여한다.[10]

많은 복음주의 그리스도인은 인간이 하나님의 형상대로 지음받은 피조물이라는 사실이 왜 중요한지 어느 정도는 설명할 수 있다. 더 설명하기 어려운 부분은 우리가 '몸을 지닌' 존재라는 사실이 중요한 이유다. 물론, 우리가 몸을 지녔다는 사실 자체에는 (적어도 아직까지는) 아무도 반대하지 않는다. 그러나 우리가 몸을 지녔다는 사실이 많은 현대인에게는 그다지 큰 의미가 있는 것 같지 않다. 오히려 그 반대의 인상을 받기 쉽다. 대다수는 우리가 몸을 지닌 존재라는 것을 극복해야 할 방해물이나 초월해야 할 한계, 심지어 억압해야 할 필요악으로 본다.

신학자 존 클라이닉(John Kleinig)의 말처럼 "우리 사회 전체가 몸을 어떻게 이해해야 할지 알지 못한다."[11] 클라이닉은 많은 현대인이 다음의 둘 중 한 가지 방식으로 몸에 대한 혼란을 표현한다고 지적한다.

첫째, 사람들은 자신이 바라는 몸을 얻는 데 '집착하기' 때문에 더 날씬하거나 탄탄하거나 강하거나 예뻐지기 위해 물불을 가리지 않는다. 클라이닉은 이 상황을 다음과 같이 요약한다. "이상적인 자아, 곧 내가 되고 싶은 사람은 그 이상적인 몸에 어울려야 한다. 하지만 그 이상은 절대 고정되지 않고 유행에 따라 변한다."[12]

그러나 그 결과로 많은 사람이 이상적인 몸에 미치지 못하는 자기 모습에 심각한 수치심을 갖게 된다. 이 수치심은, 우리가 스스로 바라는 이미지를 가질 수 있다는 희망을 잃고 실망스러운 물리적 자아와 '내적 자아'를 분리하려고 애쓰면서 자기 몸으로부터 점점 더 소외되는 현상으로 나타난다.

대부분이 경험하는 이 관계, 곧 우리 몸과 수치심 혹은 실망감 사이에서 느끼는 연관성은 성경의 타락 이야기 핵심에 자리한다. 하나님께 죄를 지은 아담과 하와는 눈이 밝아져 선악을 알게 되었다. 두 사람은 무엇을 보았는가? 자기들의 벗은 몸을 보았다(창 3:7). 죄가 그들의 옷을 벗기지 않았다. 그들의 진정한 자아를 하나님과의 교제가 가리고 있었는데 죄가 이를 드러낸 것이 아니다. 오히려 죄 때문에 그들은 진정한 자아에 '등을 돌리게' 되었다. 인류 역사상 최초의 수치심은 아담과 하와가 자기 몸에서 느낀 수치심이었다.

죄의 힘은 우리를 몸과 소외시키는 능력에서만 드러나지 않는다. 죄 때문에 우리는 자기 몸을 인지할 때 가장 먼저 이 소외를 떠올리게 된다. 그렇게 해서 우리 몸이 '주어진 좋은 것'이라는 사실을 놓친다.

'주어진 좋은 것'이라는 말은 우리가 육체를 지닌 상태로 존재하며 그것을 벗어날 수 없다는 단순한 현실을 뜻한다. 우리는 어머니의 자궁에서 몸을 받았다. 곧 우리는 하나님의 창조 사역을 받는 수동적인 존재다. 초음파 기술이 발전하기 전인 수천 년 전에, 이스라엘의 다윗왕은 여호와가 그를 어머니의 태에서 "놀랍고 신기하게" 지으신 것을 알았다(시 139:14, 현대인의성경). 이 놀랍고 신기하게 만드신 몸을 얻기 위해 다윗은 무엇을 했는가? 아무것도 하지 않았다. 그는 자기 몸을 얻기 위해 아무 의견이나 노력이나 의지를 제공하지 않았지만, 그 몸은 분명히 실재하고 본질적이다. 그의 몸은 오롯이 '주어진 것'이다.

이 사실이 왜 중요한가? 몸을 우리에게 주어진 좋은 것으로 인정하는 것이 디지털 시대를 사는 우리와 무슨 상관이 있는가? 앞서 논의한 지혜에 그 답이 있다.

이제 우리는 지혜로운 삶이 진정한 실재의 관점을 가지고 사는 삶임을 알게 되었다. 물질세계 전반, 구체적으로 우리 몸은 그 실재의 일부다. 주어진 좋은 것인 우리 몸은 하나님의 형상대로 지음 받은 백성인 우리 존재의 근본적인 측면이다. 따라서 진정한 지혜는 우리에게 우리의 물리적인 구체성을 받아들이고 그 안에서 살아가라고 요구한다. 하나님이 부여하신 인간의 창조적 설계는 예배와 감사, 기쁨을 불러일으킨다. 성경적으로 말하자면, 우리가 구체화된 피조물이라는 정체성을 피하거나 넘어서려고 시도할 때 우리는 절망과 어리석음에 빠지게 된다.

다소 역설적일 수도 있지만, 현대 서구 문화는 인간 신체에 대해 매우 적대적이다. 우리가 세상과 만나는 주요 통로이며 우리 삶을 장악하고 있는 인터넷은 철저히 비육체적인 환경이다. 그래서 인터넷은 우리가 육체와 분리된 방식으로 자기 자신과 세상을 인식하도록 훈련한다.

온라인상에서 우리는 몸이 아니라, 자신이 선호하는 정체성을 드러내도록 세심하게 조작한 사진과 비디오를 통해 존재한다. 소셜 미디어에서 우리의 '공동체'는 손을 내밀어 만질 수 있는 사람들이 가득 차 있는 방이 아니라, 사용자 이름과 아바타와 타임라인의 집합에 불과하다. 이 서식지 자체가 우리에게 전달하는 이야기가 있다. 인간은 살과 피, 목소리, 표정을 지닌 사람이 아니라, 그들이 하는 말과 프로필 사진과 공유하는 정보로 얼마든지 알 수 있는 '사용자'라는 것이다.

이것은 인간 존재의 의미에 대한 우리의 생각에 생긴 사소한 변화 정도가 아니다. 지적 혁명, 영적 혁명이라고 할 수 있다. 그리고 이 탈육체화의 세계관이 문화 권력에 대한 통제력을 쥐고 있다고 생각할 만한 근거는 충분하다.

2022년, 윌리엄 토머스(William Thomas)로 태어난 리아 토머스(Lia Thomas)는 전미 대학체육협회(NCAA) 1부 리그 수영 대회에서 우승한 최초의 커밍아웃 트랜스젠더 '여성'[13]이 되었다.[14] 이 이야기는 미국 전역에서 뜨거운 논란을 불러왔다. 진보적인 트랜스젠더 활동가들은 토머스의 우승을 축하하는 반면, 다른 사람들은 생물학적 남성이 여성들과 경쟁하도록 허용하는 것이 말이 되는지 의문을 제기했다. 실제로, 토머스는 생물학적 성과 젠더의 관계에 대해 서구 사회에서 일어난 엄청난 변화를 상징하는 한 가지 사례에 불과하다. 불과 몇 해 사이에, 성전환 담론은 우리 사회 주변부에 머물러 있다가 주류로 등장하면서 정치, 의료, 교육, 자녀 양육 등에 지대한 영향을 미치는 놀라운 혁명으로 자리 잡았다.[15]

어떻게 해서 '엉뚱한 몸'에 갇힌 사람이라는 개념이 많은 집단에서 그저 존중받는 수준이 아니라 정통 개념이 되었는가? 거기에는 여러 이유가 있겠지만, 이 책에서는 흔히 간과하는 한 가지 답을 제시하려 한다. 바로 디지털 기술이 우리 세계관을 재조정하고 양심을 재형성하여 우리 몸이 주어진 좋은 것이라는 점을 보지 못하게 만들었기 때문이다.

이는 단순히 내용의 문제가 아니라, '형식'의 문제다. 다시 말해, 신체를 깎아내리는 문장이 소셜 미디어와 웹에 만연한 현상만이 문제가 아니라는 것이다. 온라인의 '성격' 자체가 우리는 우리 몸이 아니고, 우리가 자신의 정체성과 이야기를 전적으로 통제하며, 이런 느낌을 위협하는 것은 무엇이든 '삭제'할 수 있고 삭제해야만 한다는 인식을 강화한다. 굳이 그런 불편을 참을 필요가 없다는 것이다.

방대한 분량의 연구에 따르면, 현대 미국 사회 청소년들은 이전 세대에 비해 심각한 수준의 외로움과 고립감을 느낀다고 한다.[16] 많은 사람이 우정을 손에 넣기 힘든 기술로 여기는데, 세대가 이어지면서 이는 점점 더 멀어지는 듯한 느낌이다. 더 심각한 문제는, 세계 여러 개발도상국의 청년 세대가 (때로는 성인이 되고 나서 한참 후까지, 때로는 아예) 결혼하여 가정을 꾸리지 못하고 있다는 것이다.

그러나 기술적으로 말하자면, 인류 역사에서 타인과의 '연결'이 이렇게 쉬운 적은 없었다. 아무리 멀리 떨어져 있는 누구라도 만나고 알고 관계를 맺기 쉬워졌다. 하지만 외로움과 원치 않는 고립으로 향하는 추세는 기술적인 연결성에도 불구하고 줄어들지 않았을 뿐더러, 디지털 연결성이 확장될수록 오히려 악화된 듯하다.

이 책이 주장하는 바는 그리스도인들이 성경적 지혜를 약화하는 디지털 기술의 맥락에서 이런 현상을 이해해야만 이를 비롯한 다른 문화적 변화를 올바로 이해하고 반응할 수 있다는 것이다. 지혜는 하나님이 주신 선한 실재에 복종하는 것이기에 컴퓨터와 인터넷에 빠져 있는 것은 영적 형성에 있어서 큰 위기다. 인터넷 환경은 우리를 '혼란에 빠뜨려' 우리가 우리에게 주어진 구체화된 물리적 환경과는 다른 특정한 방식으로 믿고 느끼고 의사소통하도록 훈련한다. 테크놀로지에 더 많이 빠져 있을수록 이 효과는 더욱 극대화된다.

하지만 테크놀로지가 정말 이런 일을 할 수 있을까? 기술은 우리가 좋게도 나쁘게도 사용할 수 있는 중립적인 도구가 아닌가?

그 답은 그리 단순하지 않다.

02

기술은 어떻게
우리를 형성하는가

크리스토퍼 놀란(Christopher Nolan)의 2010년 영화 〈인셉션〉(Inception)은 '드림 쉐어링' 기술이라는 허구의 이야기를 들려준다. 정확한 때를 알 수 없는 미래 어느 시점에 개발된 이 기술은 참여자들이 잠재의식을 통해 다른 사람의 꿈에 들어갈 수 있게 해 준다.[1] (레오나르도 디카프리오가 연기한) 주인공 코브는 사람들의 꿈에 들어가 잠재의식을 뒤져 가치 있는 정보를 찾아내는 특수 보안 요원, '꿈의 해커'다. 그는 백만장자 CEO의 요청을 받고 해커 팀을 꾸려 거물급 경쟁 사업가의 머릿속에 침투하여 회사를 해체하고자 하는 욕구를 심어 준다.

영화는 화려한 액션 장면과 정신을 교란하는 시각 효과로 가득 찬 스릴러다. 하지만 그와 동시에, 미묘하게 심오한 비유이기도

하다. 어쩌면 〈인셉션〉은 이전의 그 어떤 주류 할리우드 영화보다 더 인류와 기술의 관계에 대한 통찰력 있고 충격적인 묵상일지도 모르겠다. 영화가 전개되고 주요 인물들이 등장하면서, 드림 쉐어링 장치는 무서울 정도로 적절한 비유로 드러난다.

〈인셉션〉의 세계에서 드림 쉐어링은 다른 사람의 마음에 침투하는 단순한 도구가 아니라, 한 사람의 잠재의식 세계를 설계하는 방식이다. 잠자는 사람들은 훈련을 통해 자기 마음대로 꿈 내용을 바꾸는 방법을 배울 수 있다. 그러나 이 중독적인 능력은 잠자는 사람이 꿈과 현실을 구분하는 감각을 망가뜨린다. 자신의 욕구와 기억을 꿈의 환경에 더 많이 복사할수록 꿈꾸는 사람들은 꿈의 세계에 점점 더 깊이 빠져들어 갔다. 이런 몰입은 이들의 현실 감각에 혼란을 줄 뿐 아니라(한 등장인물의 경우에는 끔찍한 결과를 초래한다.) 이들의 욕구를 완전히 바꾸어 놓는다.

영화의 명장면으로 꼽을 만한 한 장면에서, 팀원들은 드림 쉐어링을 더 생생하고 오랫동안 지속하도록 돕는 강력한 진정제를 제조할 수 있는 화학자를 찾아간다. 화학자는 그들을 지하실로 안내하는데, 거기에는 침침한 불빛 아래 수십 명이 드림 쉐어링 장치에 연결된 채 잠을 자고 있다. 그는 이 사람들이 자기 가게를 찾아와서 진정제를 먹고 날마다 함께 꿈을 꾼다고 설명한다. 그러는 사이에 이들의 잠재의식 속 자아는 꿈속에서 대안적인 삶을 건설하고 있다는 것이다. 팀원들은 깜짝 놀라면서 이렇게 묻는다. "매일 자려고 여길 온다고?" "아니."라는 답이 돌아온다. "깨려고 오는 거지. 저들에게 꿈은 현실이야. 꿈이나 현실이나 다를 게 없지만."

〈인셉션〉은 훌륭한 공상 과학 영화지만, 더 중요하게는 과학 기술 사회에 대한 근본적인 무언가를 잘 이해하고 있다. 드림 쉐어링은 허구이지만, 자신만의 현실을 설계할 수 있는 무제한에 가까운 능력이 우리 주머니 속이나 책상 위에 거의 날마다 존재한다. 영화에 나오는 불쌍한 환자들처럼, 우리는 이 테크놀로지와의 관계 때문에 일종의 디지털 수면을 원하게 된다. 우리는 세상에서 무슨 일이 벌어지고 있는지 알려고 인터넷과 소셜 미디어에 접속한다고 스스로 말하곤 하지만, 오히려 세상을 피하려고 로그인하는 경우가 많다.

우리를 형성하는 과학 기술의 힘은 많은 복음주의 그리스도인이 충분히 고려하지 못했던 부분이다. 특히 디지털 시대에 복음주의자들은 텔레비전, 컴퓨터, 스마트폰이 전달하는 '내용'에만 집중하고 그것을 전달하는 '형식'은 소홀히 할 때가 많았다. 컴퓨터 용어를 사용하여 이 둘을 구분해 보자면, 복음주의자들은 문화적 소프트웨어에 대해서는 할 말이 많았지만 문화적 하드웨어에 대해서는 별로 할 말이 없었다고 할 수 있을 것이다. 보거나 읽거나 듣는 내용을 분별하는 문제에서는 도움이 될 만한 신학 사상이 많다. 하지만 보거나 읽거나 듣는 방식, 곧 메시지가 아닌 매체에 대해서도 분별력이 필요할까?

미디어는 메시지다

문화 비평가 마셜 맥루언(Marshall McLuhan)은 "미디어는 메시지다."라는 유명한 말을 남겼다.[2] 맥루언은 기술이 단순히 원하는 재화를 전달하는 도구일 뿐 아니라 사회를 재구성하는 수단으로서 인식론적이고 윤리적인 힘이 있다고 언급했다. 이를 뒷받침하기 위해 그는 자신의 책 『미디어의 이해』(Under Standing Media: The Extensions of Man)에서, 어떻게 철도와 항공이 다른 종류의 환경을 만들어 냈는지 이야기하며 기술의 변화시키는 힘을 설명한다.

그러나 여기서 우리가 고찰하고 있는 것은, 디자인이나 유형들이 기존의 과정들을 증폭시키거나 가속화했을 경우 초래할 정신적·사회적 결과들이다. 왜냐하면 어떤 미디어나 기술의 '메시지'는 결국 미디어나 기술이 인간사에 가져다줄 규모나 속도 혹은 유형의 변화이기 때문이다. 예를 들면 철도는 이동, 수송, 바퀴, 길 등을 인간 사회에 가져오지는 않았다. 그러나 철도는 그것이 등장하기 전까지 있던 각종 기능의 규모를 가속화하고 확대해 완전히 새로운 종류의 도시들과 노동과 여가 생활을 창출해 냈다. 이런 일은 철도의 가설 지역이 적도 지대냐 한대 지대냐와는 무관하게 일어났으며, 철도라는 미디어가 운반하는 화물이나 내용이 무엇인가와도 관계없는 일이었다. 다른 한편 어디에 사용되든 비행기는 수

송을 가속화함으로써 철도에 바탕을 둔 도시, 정치, 공동체 등을 해소하려 하고 있다.[3]

맥루언에 따르면, 철도는 철도가 만든 도시, 철도가 만든 직업, 철도가 만든 여가를 통해 문명을 바꿔 놓았다. 지리적인 거리가 사람들의 생활과 경험에서 더는 어쩔 수 없는 문제가 되지 않자, 일과 가정, 심지어 시간에 대한 사고방식이 완전히 달라졌다. 더 강도 높은 차원에서, 상업 항공 역시 사람들이 생각하는 세계를 '축소해' 놓았다. 이는 단순히 우리가 원하는 대로 제트 여객기를 타고 수천 킬로미터를 여행할 수 있어서만이 아니다. 제트 여객기가 수천 킬로미터를 여행할 수 있다는 사실 자체가 우리가 자신과 세계를 생각하는 방식에 심대한 영향을 미치는 혁신적인 물리적 사실이기 때문이다.

시계를 생각해 보자. 데이비드 루니(David Rooney)는 『시간에 대하여』(*About Time: A History of Civilization in Twelve Clocks*)라는 유쾌한 책에서 어떻게 시간 기록 기술이 사회를 끊임없이 바꾸어 왔는지를 기록한다. 일부 고대 로마인들은 "시간을 처음 발명한 그 사람"을 저주하면서 해시계라는 신문물에 강력하게 저항했다.[4]

루니가 보여 주듯, 시간 기록 기술은 항상 철학적이고 정치적인 목적에 부응하여, 그것을 보는 이들에게 특정한 구조와 세계관을 부여했다. 그것이 매시간 예배를 알리는 차임벨로 표현된 경건함의 영적 구조든, 한 나라가 다른 나라를 지배한다는 사실을 깨닫게 해 주는 제국의 표시든, 다음과 같은 사실은 동일하다. "기술은 절대 중립적이지 않은데, 특정한 의도를 지닌 사람들이 물건을 만들기 때문이다."[5]

또 다른 예로 중앙난방이 있다. 집 안 구석구석 열을 내보내는 보일러가 등장하기 전에 대부분 가정에서는 벽난로로 겨울을 났다. 부잣집이 아니고서는 집에 벽난로가 하나뿐인 경우가 많았고, 집에 열 공급원이 하나밖에 없으면 온 식구가 한곳에 옹기종기 모여 온기를 나누었을 것이다. 장소를 공유할 수밖에 없으니 자연스레 함께 보내는 시간이 많았다.

이와 대조적으로, 중앙난방 장치는 집 전체에 안락함을 제공했다. 오늘날 우리가 당연하게 여기는 '각자 방이 있는' 집의 기술적 토대를 마련함으로써, 말 그대로 기술이 가정생활을 분산시켰다. 이런 건축의 변화는 철학의 변화를 불러왔다. 예를 들어, 아이들에게 '사생활'을 부여하고 '각자의 공간을 존중하는' 데 중점을 두는 것은 양육 방식과 가정 관리에 중대한 영향을 미쳤다.

자동차는 또 어떤가? 헨리 포드(Henry Ford)의 조립 라인이 세상에 가져다준 것은 그저 효율적인 여행 방법만이 아니었다. 여행을 상상하는 전혀 새로운 방식을 불러왔다. 어느 저자가 설명하듯이, "자동차를 운전하기만 하면 사람들이 한곳에서 다른 곳으로 이동할 수 있다는 기대"가 20세기 대부분을 정의했다.[6]

자동차의 속도와 편리함 덕분에 우리는 직업과의 관계, 집과의 관계, 다른 사람과의 관계를 달리 상상하게 되었다. 19세기 이전 사람들은 대부분 '장소'라는 개념을 주어진 것으로 여겼다. 태어난 곳에서 평생 살다가 죽는 경우가 많았다. 집은 물려받았고, 직업도 사는 곳에 따라 결정되었다. 운송 분야의 산업 혁명은 공간에 대한 개념을 완전히 바꾸어 놓았고, 이를 통해 집에 대한 개념도 달라졌다. 과학 기술의 발전으로 먼 곳도 갈 수 있게 되었고, 돈을 잘 버는 일, 최고의 교육, 흥미진진한 새 도시를 좇아(혹은 그냥 멀리 떠나서) 얼마든지 삶을 개척할 자유가 생겼다.

이 모든 내용이 과학 기술을 도덕적으로 비판하는 내용이 아니라는 점을 잠시 짚고 넘어가겠다. 시계나 에어컨, 자동차의 역사를 살펴본 사람 중에 그것들이 발명되기 전의 세상으로 돌아가고 싶은 사람은 거의 없을 것이다. 오히려 성경적으로 말하자면, 그런 회귀를 바라는 마음은 지혜가 아니라 헛된 생각에 불과하다(전 7:10). 기술이 우리를 변화시킨다는 생각은 기술에 반대한다는 주장이 아니라, 우리가 사는 세상을 정직하게 관찰한 것일 뿐이다.

더군다나 이런 영향력을 평가하는 것은 굉장히 복잡한 일인데, 그 영향이 미묘할 뿐 아니라 때로는 거의 알아차리기 힘들기 때문이다. 예를 들어, 의사이자 철학자인 스탠리 조엘 라이저(Stanley Joel Reiser)는 청진기를 비롯한 의료 기술의 발전으로 의사들이 환자의 주관적인 경험을 덜 의존하(고 결국에는 덜 관심을 갖)게 되었다는 도발적인 주장을 펼쳤다. 그는 이렇게 쓴다. "의사가 진단 기술을 더 많이 활용할수록 기계와 전문가들의 화면을 통해 간접적으로 환자를 본다…이런 환경 때문에 의사는 환자와 자신의 판단과 멀어지는 경향이 있다."[7] 이는 단순히 청진기나 심전도 모니터가 좋으냐 나쁘냐 하는 간단한 문제가 아니다. 오히려 핵심은 과학 기술이 그 작용을 통해 무언가를 전달한다는 것이다. 기술은 삶이 '어때야' 하는지, 인간과 자연계가 '무엇을' 할 수 있는지에 대해 어떤 시각을 제시한다.

오늘날 복음주의 그리스도인들은 지난 20-30년 사이에 벌어진 주변 문화의 극적인 변화를 느끼고 있다. 불과 50년 전만 하더라도 학교와 직장, 시청에서 흔히 들을 수 있었던 도덕적 표현이 사라졌을 뿐 아니라, 혐오스럽거나 반역적으로까지 취급당한다. 우리는 이를 알기에 설교와 가르침, 글과 복음 전도에서 이런 기독교 이후 상황을 반영할 때가 많다. 그러나 동시에 많은 복음주의자가 어떻게 이렇듯 빨리 상황이 역전되었는지를 알 수 없어 힘겨워한다. 십여 년 전만 해도 고등 교육에서도 극좌파의 영역에 국한되었던 성 정체성 개념이 이제는 목회자와 중산층 학부모들의 대화 주제가 되었다.

도대체 어떻게 해서 이토록 빨리 이런 상황에 이르렀는가? 나는 과학 기술에 그 중요한 답이 있다고 믿는다. 복음주의권에서 기술의 인식론적·윤리적 영향에 대해 많이 이야기하지 않았던 이유

중에는 이 장치가 어떻게 우리를 형성하는지를 '우리가 모르기' 때문인 것도 있다. 이는 또한 영성 형성에 대한 실용적인 신학이 부족한 탓이기도 하다. 시간 기록, 난방, 자동차 기술로 가능해진 일들이 사회 혁명과 정치 혁명을 불러왔듯이, 인터넷 기술은 그 형식 자체가 영적 혁명을 만들었다.

과학 기술이 말하는 것

디지털 기술이 영적 혁명을 촉발한다는 생각은 전혀 새롭거나 반동적인 개념이 아니다. 실제로, 개인 컴퓨팅 초기 선구자들이 바로 그런 총체적인 변화의 효과를 기대했을 가능성이 충분히 있다. 언론인 프랭클린 포어(Franklin Foer)는 『생각을 빼앗긴 세계』(World Without Mind)라는 놀라운 책의 앞부분에서, 스튜어트 브랜드(Stewart Brand)를 시작으로 개인 컴퓨팅의 역사를 이야기한다. 포어가 '히피 왕국의 황태자'라고 표현한 브랜드는 진정한 1960년대의 자녀였다. 그는 부모의 중산층 가치관을 거부하고 약물과 반문화, 과학 기술을 통해 진정성과 더 높은 차원의 진리를 추구했다.[8]

브랜드의 뉴에이지 성향은 디지털 기술에 대한 관심과 합쳐져서 테크노유토피아니즘을 낳았다. 그는 "정치는 인류를 변화시키지 못했지만 컴퓨터라면 할 수 있을지도 모른다."라고 믿었다.[9] 브랜드는 1960년대 후반에 나타난 '자유 연애'(Free Love) 공동체와 어울려 살아가는 것을 선호했고, 최신 기술에 대한 자신의 관심을 활용하여 친구들의 자아실현과 해방을 돕기 위해 고민했다. 이러한 노력의 가장 큰 결실이 1968년에 출판된 『홀어스 카탈로그』(*The Whole Earth Caralog*)였다. 포어는 이렇게 썼다. "카탈로그에서는 독자들에게 계산기와 재킷, 책, 잡지 등을 소개했다. 하지만 소개하는 상품보다 더 중요한 것은 그 상품들에 관해 카탈로그가 주장하는 이론이었다."[10]

그 주장이란 무엇이었는가? 카탈로그의 한 단락이 그 세계관을 잘 요약해 준다.

우리는 신과 다름없으며, 그 역할을 제대로 수행해야 합니다. 지금까지 정부나 대기업, 공교육, 교회 등을 통해 멀리서 행사되는 권력과 영광은 실제로 이룬 성과를 가릴 만큼 큰 결함을 드러냈습니다. 한편 그런 딜레마에 맞서고 그 성과를 활용하려는 친밀하고 개인적인 힘의 영역이 발전하고 있습니다. 그 힘은 개인이 스스로 교육을 직접 주도하고, 자기만의 영감을 발견하고, 자기를 둘러싼 환경을 직접 만들고, 모험을 원하는 사람들과 공유하는 힘입니다. 『홀어스 카탈로그』는 그런 과정을 도울 수 있는 도구들을 찾아 홍보합니다.[11]

다른 세계에서라면 『홀어스 카탈로그』는 미국 역사에서 그저 다채롭고 혼란스러웠던 한 시기의 사소한 뒷이야기로 남았을지도 모른다. 하지만 실제로는 훨씬 더 큰 의미를 가졌다.

우선, 이 카탈로그는 수백만 부가 팔리고 주요 문학상을 받으면서 엄청난 성공을 거두었다. 더 중요한 것은 이 카탈로그가 과학기술을 통한 트랜스휴먼 해방 철학을 표현해 현대 컴퓨터 산업의 토대를 형성하는 데 큰 영향을 끼쳤다는 사실이다. 포어는 "『홀어스 카탈로그』는 실리콘 밸리의 기원이 되는 문서로" 이 카탈로그가 "반문화의 가치들을 테크놀로지로 변모"시켰으며 컴퓨터를 "개인의 해방과 공동체의 연결"을 위한 도구로 바라보는 비전을 제시한다고 쓴다.[12]

브랜드와 카탈로그의 해방적 비전은 기술에 관심이 많은 서부 해안의 히피들뿐 아니라 디지털 세상을 만들어 갈 몇 사람들에게도 영향을 끼쳤다. 예를 들어, 어린 스티브 잡스(Steve Jobs)도 카탈로그의 열렬한 독자였다. 컴퓨터 엔지니어 레이 커즈와일(Ray Kurzweil)도 기술이 인류를 구한다는 비전에 사로잡혀 '특이점'(Singularity)이라는 개념을 만들었다. 이는 결국에 인간의 의식과 기술이 합쳐져서 인간 존재의 새 시대를 형성한다는 종말론적 신념이다.[13] 구글 공동 창업자 래리 페이지(Larry Page)는 2012년에 커즈와일을 고용하여 '선도적 미래학자'(leading futurist)라는 직책을 맡겼다.[14]

기술이 인간을 육체의 한계에서 '성공적으로' 분리하여 기술적 유토피아를 가져오리라는 개념은 얼마나 영향력이 있을까? 아마 당신이 생각하는 것보다 훨씬 클 것이다. '트랜스휴머니즘'(Transhumanism)은 인간-기계 특이점(singularity)이라는 미래에 대한 폭넓은 일련의 신념과 사상을 가리킨다. 트랜스휴머니즘 철학은 공상 과학 소설 속 장치나 '위험한 길로 빠질 수 있는' 이론적 논쟁과는 거리가 먼, 진지한 교육자와 발명가들 사이에서 살아 있는 세계관이다.

제이콥 쉐처(Jacob Shatzer)는 『트랜스휴머니즘과 하나님의 형상』(Transhumanism and the Image of God)이라는 유익한 책에서 트랜스휴머니즘 이론가들의 관점을 이렇게 설명한다. "기술을 자신에게 적용함으로써 우리는 인간 이상의 무언가가 될 수 있다."[15] 1998년 트랜스휴머니스트 선언 서문은 기술과 육체적 한계 극복 간의 연관성을 이렇게 명시한다. "인류는 미래에 과학과 기술에 의해 엄청난 영향을 받을 것이다. 우리는 노화, 인지적 결함, 불의의 고통, 지구라는 행성의 제약을 극복함으로써 인간의 잠재력을 확장할 가능성을 바라본다."[16]

트랜스휴머니즘 철학을 더 자세히 살피는 것은 이 책의 범위를 넘어선다. 핵심은, 역사적으로 말해서 컴퓨터와 인터넷 기술이 처음부터 그 속에 프로그램화된 세계관을 표현한다는 것이다. 포어가 주목하듯이, 과학 기술의 초월성에 대한 이 종말론적 비전이 실리콘 밸리 기업들의 특징을 지속적으로 형성했다. 이 점은 역사는 물론 현재에도 분명히 드러난다.

페이스북 공동 설립자 마크 저커버그(Mark ZuckerBerg)는 메타버스(디지털로 구현된 사람들이 모이는 몰입형 가상 현실 환경)가 우리 몸과 환경을 마음대로 조정할 수 있는 완전한 자유로 향하는 인류의 여정에서 꼭 필요한 단계라고 믿는다.[17]

이 글을 쓰는 시점에 세계 최고 부자인 일론 머스크(Elon Musk)는 개인 컴퓨팅 도구가 일상에서 더 중요해질수록 자아와 소프트웨어의 구분이 희미해지는 현상을 목격했다. 머스크는 "생물학적 지성과 디지털 지성이 통합될" 인류 역사에 임박한 새 장을 환영한다.[18] 머스크의 요점은 디지털 기술과 우리의 기존 관계가 이런 변화를 그럴듯하게 만든다는 것이다. 그가 옳다. 인류, 좋은 삶, 인류의 최종 목적지에 대한 비전은 단지 명제적 언어(즉 이러한 철학을 주장하는 진술)로만이 아니라 이런 도구 자체를 통해 표현된다.

다시 한번 말하지만, 이것은 이런 과학 기술 자체가 태생적으로 악하다거나 컴퓨터나 웹을 아예 사용하지 않는 것이 올바른 반응이라는 뜻이 아니다. 오히려 하나님이 만드신 세상에서 지혜롭게 살고자 한다면, 이런 사상과 세계관을 있는 그대로 알아차려야 한다. 그리고 우리가 현재 벌어지는 정신적 싸움을 의식하지 못하는 사이에 그 과학 기술들이 어떻게 우리를 형성하고 움직일 수 있는지를 이해해야 한다.

이렇게 온라인과 컴퓨터 기술의 지적 유산을 살펴보면 왜 이런 장치들이 우리를 세상이 주어진 것이라는 개념과 분리하는 듯 보이는지 이해하는 데 도움이 된다.

사실은, 기술의 의도가 바로 그것이다. 기술의 기능은 인간에 대한 하나의 이야기로, 구원이란 주어진 것 자체를 극복하고, 자기 중심적 맞춤형 존재를 설계하며, 지루함, 한계, 무지, 심지어 죽음으로부터의 자유를 얻는 것이라고 보는 신념 체계의 흐름을 따라간다.

물론, 발명가가 특정한 신념을 지니고 있다는 이유만으로 그 발명품이 그런 신념과 똑같다고 볼 수는 없다. 일반 은총 교리에 따르면, 우리는 인간을 단순히 세계관의 총합으로 보아서는 안 된다. 악한 부모도 자식에게 좋은 것을 줄 줄 알기 때문이다(눅 11:13). 문제는 특정 과학 기술이 발명가의 사상으로 오염되었는지 아닌지의 여부가 아니다. 그 발명이 작동하는 방식에서 우리가 그 사상의 증거를 볼 수 있느냐가 문제다.

앞서 살펴보았듯이, 시계에서 비행기까지 모든 기술은 사회에 제도적 변화를 일으켜 사람들이 그 변화가 형성한 방식에 따라 영구적으로 생각하고 느끼고 행동하게 만들었다. 이처럼 기술은 하나님의 세상에 대한 우리의 시각을 재조정할 수 있다.

이런 일이 벌어지느냐 아니냐는 문제가 아니다. 어떤 기술이, 어떤 방식으로 그렇게 하느냐가 문제다.

그렇다면, 우리는 이 시대의 가장 중요한 디지털 기술들(특히 인터넷)을 면밀하게 살필 때 이 포스트휴먼 시각의 흔적을 보게 되리라고 예상해야 한다. 우리는 우리 몸의 주어진 현실과 우리를 위해 스크린에 제시된 세계 사이에 본질적인 긴장을 발견해야 한다. 우리는 이 '디지털 전례'가 우리에게 하나님의 세상의 주어진 성격을 피하라고 권할 뿐 아니라 그들이 하는 바로 그 일에서 그 주어진 성격을 가리고 저항한다는 것을 볼 수 있어야 한다.

그리고 그게 바로 우리가 발견하는 것이다.

안갯속

내 친구 두 사람의 이야기를 해 보려 한다. 내가 딘과 에리카와 알고 지낸 지는 꽤 되었다.[19] 둘은 서로 모르는 사이다. 실제로 둘이 만난다고 하더라도, 둘 다 30대 그리스도인이고 결혼해서 어린 자녀를 두었다는 점을 제외한다면 두 사람의 공통점은 거의 없을 것 같다.

딘은 사람들이 자신의 디지털 플랫폼을 개발하도록 돕는 일에 특화된 온라인 커뮤니케이션 전문가다. 에리카는 집에서 아이들을 돌보고 있다. 딘은 정치적으로 좌파에 속한다고 말할 수 있고, 에리카는 매우 보수적이다. 딘의 아이들은 공립 학교에 다니는 반면, 에리카는 집에서 아이들을 가르치고 있다. 사상과 기질, 우선순위에 있어 두 사람은 생각하는 방식이 전혀 다르다.

하지만 지난 몇 년 사이에 나(와 아내)는 딘과 에리카가 모두 조금 달라진 것을 알게 되었다. 두 사람의 사회적·정치적 세계관은 극과 극이지만, 딘과 에리카는 매우 비슷한 방식으로 변한 듯했다. 우선, 우리가 직접 만나 대화할 때와 소셜 미디어 타임라인에서 보는 두 사람은 완전히 딴판이었다.

딘은 개인적으로 만나면 친근하고 겸손해서 쉽게 말을 걸 수 있다. 자신과는 다른 관점들을 고려하는 데도 열려 있는 것 같다. 하지만 온라인에서는 신학적으로나 정치적으로 진보적인 사고방식 쪽으로 더 기울어져 있는 듯하다. 그에게 동의하지 않는 사람들은 해로운 존재이므로 피해야 한다는 식으로 말이다.

온라인에서 그는 자신이 두어 해 전에는 열린 태도로 받아들였던 특정 교리나 교회의 실천에 대해 상당히 비판적이다. 더군다나, 딘은 나 같은 친구들이 논쟁적이거나 심지어 공격적이라고 생각할 것이 확실한 게시물에 '좋아요'를 누르거나 그것을 '공유'하는 경우가 많다. 그렇더라도 만나서 함께 어울릴 때는 크게 어색하지 않다. 오히려 내가 소셜 미디어에서 그의 모습을 전혀 알지 못한다면, 그가 이런 식으로 느낀다고는 전혀 상상할 수 없을 정도다.

대화가 아니라 그의 게시물에서, 나 같은 복음주의자들에 대한 회의적 태도를 볼 수 있다. 점심을 먹으면서 복음과 가족에 대해 이야기할 때면 눈을 희번덕거리거나 쏘아붙이듯 비난하는 일도, 열띤 말다툼도 없다. 서로 의견을 달리하는 문제도 있지만, 온라인에서 드러나는 공격적인 태도는 찾아보기 힘들다. 그도 딱히 그런 태도를 드러내려 하지 않는 것 같다. 사실, 둘이 전혀 다른 사람인 것만 같다.

에리카의 경우도 마찬가지다. 에리카는 정말 다정하고 동정심이 많은 친구다. 개인적으로 만나면 여전히 우리와 아이들의 안부를 묻고, 자기 가족의 근황도 세세히 들려준다. 거의 언제나 친근함과 밝은 에너지를 풍긴다. 하지만 온라인에서는 사정이 다르다.

최근 에리카는 백신에서부터 아이들의 안전에 이르기까지 모든 문제에서 훨씬 단호하고 절대적이다. 성경에서 확실하게 말하지 않는 문제들에 대해서까지, 에리카는 오프라인에서의 모습과 비교하면 굉장히 놀랄 정도로 강경한 확신을 드러냈다.

흥미롭게도, 온라인에서는 정반대의 모습이 사실이다. 그녀는 별로 달라진 것이 없었다. 에리카는 특정 이슈들에 대해 매우 예상 가능한 방식으로 말하기 시작했는데, 때로는 특정 오피니언 '인플루언서'들 같은 이야기를 했다. 단지 온라인에서 그녀의 의견이 더 많아졌다는 말이 아니다. 점점 더 사려 깊지 못하고 반동적인 의견을 내놓았다.

그중에서도 가장 안타까운 점은, 오프라인에서 사람들과 만나 대화를 나누는 에리카에게서 편안함이 사라지고 있다는 것이다.

스트레스가 많고 주의가 산만해 보이는가 하면, 혼란스러운 이 시기를 잘 넘기도록 주님의 도우심을 구한다며 기도를 요청하기도 한다. 그러나 온라인에서는 이런 스트레스나 어려움을 전혀 찾아볼 수 없다. 그녀의 사진들은 온통 미소 짓는 얼굴과 행복한 시간, 올바른 의견만 보여 줄 뿐이다.

에리카와 딘이 급진주의자라면 오히려 이런 변화를 이해하기 쉬울 것 같다. 사람은 누구나 변할 수 있다. 하지만 두 사람은 급진주의자와는 거리가 멀기 때문에 이런 변화를 더 이해하기 힘들다. 내가 아는 한, 이들의 사상이나 세계관에는 큰 변화가 없었고, 이들의 전제를 뒤흔들만한 중대한 인생 사건도 없었다. (다시 한번 말하지만, 내가 아는 한에는) 이렇듯 뚜렷한 갈등을 불러올 만한 관계의 트라우마나 환멸감도 없었다. 오히려 실상은, 딘과 에리카가 (둘은 전혀 다르게 이야기하겠지만) '새로운 방식으로' 생각하고 말하게 되었다는 것이다. 그리고 그 새로운 방식은 확실히 인터넷이 형성한 방식과 같다.

굉장히 독선적인 이야기로 들릴 수도 있겠다. 하지만 내가 딘과 에리카의 최근 변화를 염려하는 진짜 이유는 내게서도 동일한 변화를 목격했기 때문이다. 내가 조금 전에 친구들에 대해 이야기한 모든 내용은 사실 내 생각과 마음속에서도 진행되고 있으며, 딘과 에리카처럼 지난 두어 해 사이에 점점 더 심해지고 뚜렷해졌다. 생각하는 방식이 달라졌다. 집중하기가 힘들고, 감정을 과장해서 드러낸다. 나는 무언가를 골똘히 생각하는 것을 중요하게 여기는데, 어쩌다 보니 내가 싫어하는 사람들이 무슨 말을 하는지 들여다보고 그게 뭐가 됐든 자신 있게 반대 의견을 주장하는 데 시간을 흘려보내는 일이 잦아졌다. 대화가 힘들어지고, 독서는 악전고투가 되었으며, 정신적인 분주함이 너무 매력적이다 못해서 뭔가에 주의를 뺏기지 '않으면' 불안해질 지경이다. 친구와 가족에게 이런 경험을 나누면 대부분 자신도 비슷한 현상을 겪고 있다고 동의한다. 말하자면 모든 사람이 영적·지적 혼란함을 느끼는 듯하다.

도대체 무슨 일이 벌어지고 있는 것일까? 내 생각에, 그 대답이 우리를 다시 〈인셉션〉의 그 장면으로 이끄는 것 같다. 사람들이 꿈을 현실로 받아들이면, 깨어나기 위해서는 잠을 자야 한다고 느낀다. 영화에서 꿈꾸는 사람이 자신의 현실을 건설하는 능력은 양방향으로 이루어져서, 꿈도 그 사람을 뭔가 다른 존재로 형성하게 된다. 사실이다. 우리가 현실이라고 선택하는 것이 그 '현실' 이미지 속에서 우리를 바꾸어 놓는다.

우리가 느끼는 영적 혼란과 지적 혼란은 우리의 과학 기술처럼 생각하고 느끼고 믿는 느낌이다. 우리는 점점 자신이 예배의 대상이 되어 간다.[20] 그리고 우리가 예배하는 대상은 그 나름의 지성이 있다.

03

생각하는 능력을
잃어 가는 사람들

 우리 아들 찰리는 플라스틱 방망이를 휘두를 수 있게 되자마자 밖에 나가 야구를 하고 싶어 했다. 마당이라고 해 봐야, 시카고 교외의 작지만 소박한 우리 아파트에 딸린 욕실 정도 크기의 잔디밭이 고작이었다. 하지만 사용하기에는 크게 무리가 없었다. 세 살 이후로, 찰리는 볕 좋은 봄날이면 잔디밭에 나가 내가 던지는 공에 방망이를 휘둘러 댔다. 부모라면 누구나 자기 자녀가 그 나이에 시도하는 모든 일에 재능이 있다고 믿기 마련이지만, 나는 찰리가 타고난 야구 선수라고 스스로 확신하고 있었다.

 그런데 문제가 한 가지 있었다. 찰리는 끈기가 부족했다. 처음 두어 번 만에 공을 맞히지 못하면 연습을 그만두려 했다. 뒷마당 야구 경기를 시작한 첫 한두 해에, 찰리가 공을 치지 못하고도 참고 연습을 이어 나간 경우는 손에 꼽을 정도다. 연습해야 실력이 좋아진다고 아무리 말해도 아이는 더 좌절감에 빠질 뿐이었다. 수많은 야구 게임이 헛스윙과 눈물 바람으로 끝을 맺곤 했다. 아이는 가망 없는 운동처럼 느껴지는 연습은 원하지 않았다.

독자들은 이 이야기가 어떻게 전개될지 잘 알 것이다. 눈물과 좌절에도 불구하고, 찰리는 서서히, 그러나 의미 있게 타격이 향상되었다. 한 주 한 주, 그 전주보다 조금씩 좋아졌다. 그러다 보니 자신도 모르는 사이에 찰리는 꾸준히 공을 맞히고 있었고, 안타는 늘고 헛스윙은 줄어들었다. 야구 방망이를 휘두르는 세 살짜리보다 더 고전적인 인내심 이야기가 또 있을까?

반복은 짜증스러운 만큼이나 중요하다. 반복을 통해 우리는 능숙해진다. 반복하면 더 빨리 기억하고 더 잘 외운다. 하지만 그중에서도 가장 놀라운 점은, 반복을 통해 우리가 어떤 종류의 사람인지까지 바꿀 수 있다는 것이다. 우리 몸을 설계하신 하나님의 섭리에 따르면, 반복에는 우리 생각을 재형성하고 욕구를 재조정하며 신념까지 재정의하는 엄청난 힘이 있다. 우리가 무언가에 계속해서 몰두하면, 생각과 느낌과 직관이 거기에 맞추어 조정되기 시작한다.

특히 그것이 인터넷이라면 말이다.

당신이 스크롤하는 것이 당신이다

2008년 8월, 작가이자 연구자인 니콜라스 카(Nicholas Carr)는 〈애틀랜틱〉(*The Atlantic*)에 "구글은 우리를 바보로 만들고 있는가?"(Is Google Making Us Stupid?)라는 제목의 글을 발표했다. 카는 글을 시작하면서 자기 생각을 한탄한다. 이 글은 아직도 내가 읽은 가장 중요한 글 중에 하나로 꼽힌다.

> 지난 몇 년간, 누군가 혹은 무언가가 내 뇌를 만지작거려서 신경 회로를 재조정하고 기억을 재프로그래밍하고 있다는 불편한 느낌이 들었다. 내가 아는 한, 내 사고는 움직이지는 않지만 바뀌고 있는 듯하다. 더는 과거에 생각하던 방식으로 생각하지 않는다. 책을 읽을 때 그것을 가장 강하게 느낄 수 있다. 예전에는 책이나 긴 글에 몰입하기가 쉬웠다. 줄거리나 논리의 흐름에 사로잡혀서 몇 시간이고 장문을 읽어 내려가곤 했다. 하지만 요즘에는 그런 일이 드물다. 이제는 두세 쪽을 읽고 나면 집중력이 떨어지기 시작할 때가 많다. 맥락을 놓치고 엉덩이가 달싹달싹하면서 다른 데 마음을 뺏긴다. 다스리기 힘든 뇌를 텍스트로 끌고 가느라 늘 고역이다. 전에는 당연하게 여겨졌던 깊은 독서가 이제는 고군분투가 되어 버렸다.[1]

카는 자신의 정신적 고충의 원인을 찾으려다가 획기적인 결론에 도달했다. 인터넷, 곧 (다른 수많은 사람과 마찬가지로) 카에게 가장 일상적이고 몰입도가 높으며 가장 많이 소비하는 의사소통과 배움의 매체가 그의 뇌를 바꾸어 놓고 있었던 것이다. 카는 인터넷을 '보편적 매체'로 언급하면서, 그것을 단순히 전통적인 문자 언어 도구의 확장이 아니라 전혀 다른 무언가로, 특히 반복된 몰입을 통해 인간의 뇌를 인터넷과 흡사하게 형성하는 무언가로 묘사했다.

카는 〈애틀랜틱〉지에 글을 발표하고 나서 2년 후에 자신의 주장을 확장하여 책으로 펴냈다. 『생각하지 않는 사람들』(The Shallows: What the Internet Is Doing to Our Brians)은 명확하고 설득력 있으며 중요한 주장을 펼친다. 웹이라는 '형식'이 인간이 정보를 배우고 느끼고 처리하는 방식을 바꾸는 강력한 신경학적 도구라는 것이다.

카의 주장이 옳다면, 우리가 웹에서 발견하는 메시지만이 아니라 웹 그 자체, 곧 우리가 웹을 이용하는 동시에 웹이 우리를 사용하는 과정이 우리에게 영향을 미친다. 마셜 맥루언의 말대로 "미디어는 메시지다."[2] 그리고 웹의 경우에는, 세상에서 가장 강력한 메시지를 지닌 미디어라고 할 수 있다.

책의 서두에서 카는 인간 뇌의 '가소성'을 보여 주는 인지 연구를 소개한다. 가소성은 뇌가 스스로 큰 변화를 일으킬 수 있는 능력, 곧 새로운 신경 패턴과 다양한 종류의 시냅스를 통해 입력 정보를 해석하는 방식을 재훈련하는 것을 말한다. 카는 "정신적이든 육체적이든 간에 어떤 일을 하거나 어떤 감각을 경험할 때마다 뇌 속에 있는 일련의 뉴런들은 활동을 시작한다."라고 쓴다.

이 뉴런들이 가까이 있을 경우에는…결합한다. 같은 경험이 반복될 경우 뉴런 사이의 시냅스 간 결합은 보다 농축된 신경 전달 물질의 배출 같은 생리학적 변화나, 기존 수상 돌기와 축삭돌기에 존재하는 새로운 시냅스 끝부분에 새로운 뉴런의 생성을 이끌어 내는 등의 해부학적 변화를 통해 더욱 강력해지고 많아진다…우리가 살면서 배우는 내용은 우리 머릿속에서 끊임없이 변화하는 세포 간 연결 부위에 담겨 있다.[3]

이 내용은 대부분에게 위협적인 내용으로 들릴 수 있다. 하지만 요즘은 오히려 단순하다. 인간의 뇌는 스스로 변할 수 있는 능력이 있다는 것이다. 한 가지 태도와 행위와 연관된 신경 현상은 반복된 실천이나 소비에 대한 반응을 통해 다른 종류로 바뀔 수 있다. 다시 말해, 선택은 우리를 특정한 종류의 사람으로 형성하는 데 중요한 역할을 한다. 카는 다음과 같이 결론을 내린다. "이제 우리는 우리의 사고, 인식, 행동 방식은 전적으로 유전자에 의해 결정되는 것이 아님을 알았다. 이는 우리의 유년 시절 경험을 통해 결정되는 것도 아니다. '우리는 삶의 방식에 따라 유전자를 바꾸는데…우리가 사용하는 도구를 통해' 변화한다."[4]

뇌 가소성은 앞 장에서 설명한 현상, 곧 주요 기술의 발달이 어떻게 그 기술을 중심으로 형성된 다른 종류의 사회를 만들 수 있는지를 설명하는 데 도움이 된다. 문화적 차원에서 이 말이 사실인 이유는 그것이 개인적 차원에서도 사실이기 때문이다.

신기술은 그저 새로운 사상이나 방법론을 우리에게 가져다주는 데 그치지 않는다. 우리 뇌에 새로운 신경 회로를 만들어서 우리가 현실을 인식하고 반응하는 방식을 바꾸어 놓을 수 있다. 카는 정치학자 랭던 위너(Langdon Winner)의 말을 인용한다. "근대 사회에서의 경험이 우리에게 보여 주는 것이 있다면 그것은 바로 기술은 단순히 인간 활동의 보조적 역할만 하는 것이 아니라 그 행동과 의미를 재구성하는 강력한 힘이 된다는 것이다."[5]

특히, 카는 '지적 기술' 곧 인간의 언어와 사과에 직접적으로 영향을 미치는 기술이 그 설계와 기능을 통해 "인간의 사고가 작동하는 방식 혹은 작동해야 하는 방식"에 대한 특정 사상을 전달한다고 명시한다.[6] 다시 말해, 인간의 지적 기술은 끊임없이 우리에게 가르치고 있고, 시간이 지나면서 그것이 설교하는 내용이 우리 사고와 행동을 바꾸어 놓는다.

지적 기술에 대한 카의 범주는 특정 종류의 기술을 구별하는 데 도움이 된다. 바퀴, 소총, 비행기는 그 기술이 드러낸 가능성과 우리가 그것을 사용하면서 수용한 삶에 대한 시각을 통해 확실히 문화를 재형성한다. 그러나 이 영향은 언어 기반 도구가 주는 영향과는 사뭇 다르다. 우리가 말하고 읽는 습관을 바꾸는 기기와 실천은 우리의 학습과 사고 습관을 끊임없이 바꾼다. 우리에게 가장 큰 힘을 발휘하는 것이 바로 이 기술들이다.

이런 식으로 기술에 대해 언급하는 것이 독자들에게는 낯설게 들릴지도 모른다. 지난 두어 달 동안, 무슨 책을 쓰고 있느냐는 질문을 여러 차례 받았다. 웹의 영적 형성력에 대한 책이라고 말해 주면, 상대방 얼굴에는 이해하겠다는 표정과 무슨 소리인지 모르겠다는 표정이 뒤섞여 드러나곤 한다. 사람들이 혼란스러워하는 이유는 많은 복음주의자가 직관적으로 '사물'에는 영적 의미를 부여하지 않는다는 사실 때문일 것이다.

물건이나 장소를 비롯한 물질계는 도덕적으로나 영적으로 중요해 보이지 않는다. 그래서 우리는 물질적인 것의 한계, 그러니까 물질이 무엇이 '아닌지'를 강조하는 경향이 있다. '교회는 건물이 아니다.', '하나님 말씀은 가죽 책이 아니(라 그 책에 담긴 정경이)다.'처럼 우리는 물질을 배제한 채 비물질에 집중할 때가 많다.

그러나 기독교는 물질과 비물질을 구분하는 엄격한 이원론을 가르치지 않는다. 신경 가소성과 기술의 형성력은 신학적으로 의미가 있는데, 하나님의 형상대로 창조되었으며 "몸과 영혼"[7] 모두 하나님께 속한 인간은 본질적으로 물리적인 존재이기 때문이다. 영적인 삶에 있어서 우리 몸과 영혼의 비중이 똑같지는 않지만, 영혼은 몸에 의존한다.[8] 그 말인즉 영성 생활(성화와 지혜와 미덕에 대한 추

ㄱ) 역시 몸으로 사는 삶이라는 뜻이다. 더 나아가서, 습관과 실천은 육체적인 수단으로 우리 몸 외부에서 행하는 것이지만 영적으로도 중요한데, 그것이 우리를 특정한 종류의 사람으로 형성하기 때문이다.

시편 1편은 여호와의 율법을 즐거워하며 그 율법을 주야로 묵상하는 자를 복 있는 사람이라고 묘사한다(2절).

"그는 시냇가에 심은 나무가
철을 따라 열매를 맺으며
그 잎사귀가 마르지 아니함 같으니…"(시 1:3).

여기서 영적인 복은 여호와의 율법을 즐거워하며 묵상하는 육체(신경)적인 실천과 연결되어 있다. 요점을 말하자면, 시편 기자는 율법을 묵상하는 복 있는 사람을 시냇가에 깊이 뿌리를 내린 나무와 비교한다. 복 있는 사람과 하나님 말씀의 관계는 단순히 율법을 듣고 묵상하는 물리적 차원을 '넘어서지만', 그 '이하'도 아니다.

인간을 변화시키는 물질의 힘에 대한 카의 통찰은 기독교 영성관을 상기시킨다. 제임스 스미스는 『습관이 영성이다』(*You Are What You Love: The Spiritual Power of Habit*)에서 우리가 그리스도의 형상을 닮아 가는 것은 반복된 행동과 의례의 형성적 힘을 통해 표현되는 과정이라고 주장한다.

'진정성'을 중요하게 생각하며 참신성과 개성을 제일로 여기는 우리 문화에서 모방은 부당한 비난을 받았다. 모방하는 사람을 가짜와 동일하게 취급한다('모조 가죽'이라는 말을 생각해 보라). 하지만 모방을 전혀 다른 관점에서 보는 신약 성경은 오히려 우리에게 모방하는 사람이 되라고 권면한다. 바울은 "내가 그리스도를 본받는 자가 된 것 같이 너희는 나를 본받는 자가 되라"라고 말한다(고전 11:1). 빌립보 그리스도인들에게도 모방을 권한다. "형제들아 너희는 함께 나를 본받으라 그리고 너희가 우리를 본받은 것처럼 그와 같이 행하는 자들을 눈여겨 보라"(빌 3:17).

아버지가 면도하는 모습을 흉내 내면서 면도를 배우는 소년처럼 우리는 그리스도 닮은 삶의 본보기를 보이는 사람들을 모방함으로써 덕을 '입는' 법을 배운다. 이것이 우리에게 그리스도인의 삶에 대한 본보기가 된 우리 선생들이 가지고 있는 형성적 힘이다. 또한 그렇기 때문에 기독교 전통에서는 그리스도를 닮은 삶의 본보기로 성인들을 추앙했는데, 그들의 이미지는 스테인드글라스에 새겨진 기독교 예배의 '배경 화면'이 되는 경우가 많았다…이러한 도덕적 성향, 하나님 나라를 반영하는 성향은 거듭 행해지는 주기와 반복, 의례를 통해 성품에 새겨진다. 이를 통해 당신 안에 어떤 목적(*telos*, '텔로스')을 지향하는 성향이 자리를 잡고, 그것이 성품의 특징 곧 '생각하지 않아도' 갖게 되는 일종의 습득된, 제2의 천성과 같은 기본적인 지향성을 이루게 된다.[9]

즉 예수님과 같은 사람이 되려면 지적인 회심 그 이상이 필요하다. 사랑과 신뢰 가운데 우리 마음을 예수님께 더 가까이 이끄는 실천을 통해 우리는 점점 더 예수님을 닮아 간다. 삶에서 이런 기독교적 미덕의 습관을 추구하면 성령님이 그것들을 사용하셔서 우리 마음속에 진정한 변화를 가져오신다. 이것이 그리스도인들이 성경 읽기와 개인 기도, 공동 예배 등을 영적 성장에 꼭 필요한 실천으로 지켜 온 주요한 이유 중 하나다.

지적으로 말하자면, 이 중 많은 실천이 굉장히 반복적인 행위다. 우리는 반복해서 같은 본문을 읽고, 같은 종류의 기도를 드리고, 같은 종류의 설교를 듣는다. 새로운 정보를 얻는 것이 그리스도를 닮아 가는 일의 핵심이라면, 이렇듯 반복하는 실천은 아무 의미가 없을 것이다. 그러나 새로운 정보가 핵심이 아니다. 올바른 내용을 아는 것이 문제가 아니라, 우리 마음이 거룩한 방향으로 자리 잡는 것이 핵심이다.

하지만 이런 동일시에는 어두운 측면도 있는데, 이 대목에서 니콜라스 카와 인터넷의 형성적 힘이 또다시 등장한다. 습관은 마음속 깊은 곳에 특정한 가치관을 심어 주어서 우리가 어떤 사람인지를 바꾸어 놓는다. 물리적으로, 인간의 뇌는 가소성이 좋고 우리 행위에 반응하여 새로운 신경 회로를 형성하기 때문에 이런 변화는 매우 실제적이며, 이 회로가 욕구와 직감을 형성한다. 그렇다면 문제는 이것이다. 습관이 우리 마음을 하나님의 진리가 아닌 다른 것을 향하게 한다면, 우리는 어떻게 될까? 우리가 스크롤하는 것이 곧 우리라면 어떻게 될까?

인터넷, 인식론적 서식지

　스미스는 『습관이 영성이다』에서 인간의 욕구와 신념을 특정한 방향으로 적극적으로 훈련하는 장소를 설명하는데, 그곳은 바로 쇼핑몰이다. 그는 쇼핑몰을 '성전' 곧 소비주의라는 복음을 가르치는 세속의 성소로 언급한다.
　쇼핑몰에 있는 모든 상점은 간판과 모델, 외양 등을 통해 좋은 삶에 대한 시각을 제공한다. 쇼핑몰에 머무는 동안, 우리가 읽는 메시지와 우리가 들어가는 공간의 디자인을 통해 이 '복음'의 능력이 분명해진다. 곧 이 신발이나 저 신제품을 사면 더 행복해지리라는 쇼핑몰의 전제에 동의하게 되는 것이다. 최근에 스스로 못생겼다거나 외롭다거나 지루하다는 느낌이 들었는데, 쇼핑이 도움이 될 것이라는 쇼핑몰의 전제에 동의하게 되는 것이다.
　스미스는 이렇게 말한다. "이것은 우리의 근원적 욕망을 자극하는 아름다움이라는 강력한 복음이다. 이 복음은 가혹한 도덕주의가 아니라 이처럼 시각화된 좋은 삶을 함께 나누자는 매력적인 초대를 통해서 우리가 그곳으로 찾아가지 않을 수 없게 만든다."[10]

쇼핑몰의 조명, 음악, 모델, 광고는 단순히 제품 자체를 보는 것만으로는 느끼지 못할 반응을 우리 내면에서 끌어내기 위해 설계되었다. 다시 말해, 쇼핑몰은 인식론적(이고 윤리적)인 서식지다. 더 많은 제품을 구매하는 것이 타당한 환경, 이 물건만 사면 행복해진다는 생각을 쉽게 믿고 그에 따라 움직이기 쉬운 환경이다.

그렇다면 인터넷도 인식론적 서식지일까? 카는 그렇다고 주장한다. "언어는 인간에게 의식적인 생각, 특히 고차원적 형태를 한 사고의 틀이기 때문에 언어를 재구성하는 이 기술은 우리의 지적 생활에 가장 강력한 영향력을 행사하게 된다."[11] 카에 따르면, 인터넷은 전혀 다른 종류의 매체다. 사람들이 말과 사상을 표현하는 방식을 바꾸고, 결국에는 언어의 의미 자체를 (다양하게) 바꾸어 놓는다.

인터넷은 어떻게 언어를 바꾸는가? 카는 디지털 문법이 인쇄 매체가 전달하는 메시지와는 본질적으로 다르다는 것을 보여 준다. 우선, 인터넷은 "양방향으로"[12] 작용하기 때문에 사람들은 같은 시간에 같은 매체를 통해 내용을 주고받을 수 있다. 책이나 신문, 개인적인 편지를 읽을 때는 글을 쓰는 사람이 아니라 온전히 받는 입장에서 말의 의미를 받아들이게 된다. 여백에 메모를 한다거나 인쇄된 종이를 쓰레기통에 던져 버릴 수는 있지만, 글 자체는 그 매체에 고정되어 있어서 같은 방식으로 그 매체에 '돌려줄' 수는 없다.

인터넷이 본질적으로 휘발성이 큰 매체라는 점은 그것을 인식론적 서식지로서 형성하는 데 지극히 중요한 역할을 한다. 우리는 물질성이 없는 언어의 의미를 다르게 이해한다. 즉 인터넷은 독자로서 우리를 재교육하고 있다.

카는 "인터넷은 미디어를 흡수할 때 이 미디어를 자신만의 이미지로 재창조한다."라고 쓴다.[13] 실제적으로 말해서, 이는 인터넷의 언어가 이미 그 매체를 통해 조건화된 상태에서 우리에게 다가온다는 의미다. 인터넷상의 한 단어를 클릭하면 다른 내용에 접근할 수 있게 해 주는 하이퍼링크가 그 한 가지 예다. 우리는 그 다른 내용에도 하이퍼링크가 있어서 더 많은 내용에 접근할 수 있다. 디지털 언어의 이 끝없는 토끼 굴 효과는 우리가 정보를 처리하거나 주장을 평가하거나 사상을 성찰하는 방식을 바꾸어 놓는다.

"링크는 단순히 관련 보조 자료의 위치만 가리키는 것이 아니라 우리를 이 자료들이 있는 곳으로 몰고 간다. 링크들은 우리가 이들 자료 중 어느 하나에 지속적인 관심을 가지게 한다기보다는 일련의 문서 사이에서 들어갔다 나가기를 반복하게 한다. 하이퍼링크는 우리의 관심을 끌도록 디자인되었다. 검색 도구로서 그들의 가치는 그들이 발생시키는 산만함과 불가분의 관계에 있다."[14]

다음과 같은 예시가 이것이 얼마나 중요한지 잘 보여 줄 것이다. 어떤 사람이 낙태에 반대하는 세계관을 비평하는 온라인 기사를 읽고 있다고 상상해 보자. 저자는 낙태 반대론자들이 위선적이라고 주장하면서 다음과 같이 쓴다. "예를 들어, 많은 낙태 반대론자는 자신들에게 반대하는 이들을 향한 잔인하고 가혹한 행위에 대해 아무런 문제의식이 없다." 기사를 읽던 사람은 '잔인하고 가혹한 행위'가 파란색 글씨에 밑줄이 있는 것을 발견한다. 하이퍼링크가 있어 다른 페이지로 연결된다는 뜻이다. 독자가 페이지를 클릭하니, 낙태 클리닉에 폭탄을 터뜨린 사람의 사연을 담은 다른 웹사이트로 곧바로 이동한다. 얼마나 끔찍한 이야기인가! 기사를 두어 단락 읽다 보니 가해자와 어떤 교회의 관련성을 언급한 또 다른 하이퍼링크 문장이 있다. 독자는 기사를 읽다 말고 새로운 링크를 클릭한다. 곧장 넘어간 '또 다른' 페이지는 바로 그 교회의 홈페이지다. '교회 소개'를 클릭하니 해당 교회가 소속된 교파가 나오고, '또 다른' 하이퍼링크가 눈에 띈다. 독자는 그곳을 클릭한다.

이 독자가 낙태에 대해 딱히 강경한 견해가 없다고 생각해 보자. 이 사람은 기사 분석 훈련을 받은 적도 없고, 기사에서 편향성이나 오류의 증거를 찾는 법도 잘 모른다. 이 독자는 낙태 반대론자들이 무엇을 믿는지, 이 폭파범이 누구인지, 그 교회는 어떤 교회이며 그 교파에서는 어떻게 가르치는지 제대로 알지 못한 채 하이퍼링크만 이리저리 옮겨 다니다가 컴퓨터를 껐을 것이다. 이 사람에게는 그 폭파범을 낙태 반대 운동과 그 교회, 심지어 그 교파와 연결하는, 하이퍼링크가 만든 모호한 인상만 남았을 것이다. 그녀가 하이퍼링크를 클릭하여 다른 곳으로 이동하기 전에 폭탄 테러

뉴스 기사를 끝까지 읽지 않았다면, 교회가 그 폭력과 폭탄 테러범을 규탄하는 성명을 발표했는지는 보지 못했을 것이다. 게다가, 이 교파가 이 모든 사태와 모종의 연관성이 있다는 인상을 받았을지도 모른다. 기사를 제대로 읽지 않고, 하이퍼링크를 사용하여 일련의 연상 작용을 형성했기 때문이다. 마치 사건을 다 이해한 것 같지만 실제로는 혼란만 느낄 뿐이다.

하이퍼링크는 웹의 형식이 우리에게 생각하(지 않)는 법을 가르치는 한 가지 예다. 디지털 인식론적 서식지에서 특정 개념과 연상이 그럴듯한 이유는 그것이 정말로 합리적으로 이해되거나 정확하게 전달되기 때문이 아니라, 손쉽고도 매끄럽게 접근할 수 있기 때문이다.

인간의 집중력은 제한적이다. 우리의 집중력이 여러 스트레스에 둘러싸일 때 우리가 얼마나 잘, 정확하게 생각할 수 있는지에는 한계가 있다. 카가 인용한 몇몇 연구가 이 점을 설득력 있게 보여 준다. 이 연구들은 우리 앞에 있는 멀티미디어의 양과 그것이 전달하는 정보를 정확하게 기억하고 재진술하는 능력 사이의 역상관 관계를 보여 준다.

카에 따르면, 그림이나 소리가 문제가 아니다. 그것들은 이해력과 학습을 강화하는 데 활용될 수 있다. 오히려 문제는, 의식을 변화시키는 인터넷의 독특한 형식이다. 그 형식이 우리 생각을 조종하여 우리가 가만히 앉아 사색하지 못하고 끊임없이 화면을 스크롤하고 띄엄띄엄 읽으면서 새로운 정보를 찾게 만든다. 카는 인터넷을 "방해 체계, 즉 집중력 분산을 위한 기계"로 묘사한다.[15]

잠시라도 '접속해 있지 않을 때' 많은 현대인이 느끼는 불안감은 우리가 사용하는 많은 기계에 심겨 있는 불안감이다. 우리 뇌가 끊임없는 정보 입력과 피상적인 참여, 급한 스크롤링에 익숙해질수록, 신경 가소성이라는 실재가 작용하기 시작한다. 주의 분산과 정신적 무중력 상태와 같은 감각이 새로운 표준, 곧 뉴 노멀이 된다. 게다가, 검색 엔진과 알고리즘 같은 인터넷의 가장 중요하고도 고유한 특징이 우리를 대신해 생각하기 시작한다. 주의 집중 시간이 줄어들고 깊이 있는 성찰 능력이 약해질수록, 우리는 점점 더 웹의 효율성과 주의를 끄는 도구에 의존하기 시작한다. 결국 우리는 인터넷처럼 생각하기 시작한다.

웹이 다른 매체와 다른 점

더 이야기를 진행하기 전에, 이쯤에서 이 책의 중심에 자리 잡은 큰 질문에 대답하는 것이 적당할 듯하다. 웹이 인간의 마음을 형성하는 데 미치는 영향은 다른 매체의 영향과는 어떻게 다른가? 예를 들어, 우리는 텔레비전을 보면서도 이야기 속에 빠져드는데, 텔레비전에서 보는 대다수 이야기는 우리가 성경적 지혜에 가까이

다가가기보다는 오히려 거기서 멀어지게 만드는 게 보통이다. 우리가 하나님이 어떤 분이시고 그분의 피조물인 우리가 어떤 존재인지 일깨워 주는 환경과 실천 가운데 거해야 한다면, 그렇게 하지 못하도록 방해하는 다른 많은 것도 주시해야 하지 않을까? 왜 유독 디지털 기술에만 집중해야 하는가?

그 답은 니콜라스 카가 우리 생각을 형성하는 웹에 대해 발견한 내용과 밀접하게 연결되어 있다. 이 시대는 철저하게 '디지털' 세대다. 앞서 언급했듯이, 웹은 우리 삶의 모든 측면을 혁신적으로 변화시켰다. 지금 우리가 배우고 의사소통하고 소비하는 방식, 심지어 우리 사회가 예배하는 방식까지도 40년 전과는 전혀 다른 모습이다. 그 때문에 웹은 우리의 관심을 두고 경쟁하는 또 다른 인식론적·영적 서식지 이상의 존재가 되고 있다. 다른 모든 경험의 기반이자 상부 구조가 되어 가고 있다.

우리는 온라인에서의 읽기 경험과 비슷하게, 우리의 약해진 집중력에 걸맞은 얇은 책을 점점 더 원한다. 우리를 불편하게 만드는 내용은 소리를 끄거나 삭제하는 데 익숙해진 나머지, 반대 의견을 표출하는 친구를 견디기가 점점 더 힘들어진다. 날마다 경험하는 새로운 소음을 뚫고 들어오는 정적이나 침묵을 받아들이지 못해 훨씬 더 불안해진다. 이런 실제적인 오프라인의 영향들은 우리의 온라인 습관에서 비롯된다. 섭리하시는 하나님이 우리 생각을 회로와 뉴런과 융통성을 지닌 물질, 곧 뇌로 설계하셨기 때문이다.

현대인의 삶에서 웹은 너무 당연시되기 때문에 우리의 영성을 형성하는 데 미치는 영향은 굉장히 강력하다. 우리는 그로 인해 육체적으로나 심리적으로 다른 사람이 되어 가고 있다.

기독교의 가르침은 우리 정신과 감정에 일어나는 일을 영혼에서 일어나는 일과 분리하지 않는데, 그에 따르면 우리를 재형성하는 웹의 능력은 곧 영적인 능력이 된다. (앞으로 우리가 살펴볼) 웹이 전달하는 가치관은 현대 문화의 사회적 구조는 말할 필요도 없고, 우리 삶에 거의 날마다 영향을 미친다. 이런 식으로 기술의 영향을 받기를 간절히 바라는 사람은 거의 없다. 이 일은 그저 우리에게 벌어지는 현상이다.

앞서 우리는 기술, 특히 인터넷 기술이 우리에게 "말을 건다."라는 것을 살펴보았다. 어떻게 그럴 수 있는가? 인터넷은 우리가 어떤 능력을 가져야 하는지, 좋은 삶이 어떤 모습인지에 대한 비전을 제시한다.

시계가 발명되어 (시간 약속 지키기 같은) 특정한 경제적·사회적 가치가 생긴 것처럼, 인터넷 기술에도 또 다른 특정 가치를 요구하는 도덕적 언어가 있다.

기술의 도덕적 언어를 놓치기 쉬운 까닭은 그 기술이 우리가 그것을 바라보는 방식을 변화시키기 때문이다. 우리는 기독교적 성품 형성을 약화하는 리듬과 양식, 태도로 몰아넣어지면서도 깨닫지 못한다. 이는 우리가 대체로 기계 장치가 아니라 확실한 세계관에서만 그런 것들을 찾기 때문이다. 하지만 기술에도 그런 것들이 존재한다.

많은 사회에서, 사고와 정서의 빈자리를 채우려고 인터넷 기술을 의존하는 것이 현실이다. 무엇을 보아야 할지 몰라서 '추천' 메뉴를 클릭한다. 무슨 생각을 해야 할지 모르기 때문에 소셜 미디어가 알고리즘을 통해 우리가 반응할 만한 게시물을 보여 준다. 누가 친구인지 잘 몰라서 인터넷의 '친구 추천'을 살펴본다. 우리가 맺는 관계까지 인터넷 기술에 위탁하는 것이다. 우리의 영적·지적 메뉴는 우리가 발견한 내용을 음미하도록 돕기 위해 설계된 것이 아니라, 계속해서 들여다보게 만드는 기술에 좌우된다.

인터넷은 마치 쇼핑몰처럼 진실한 것, 좋은 것, 아름다운 것에 대한 비전을 우리에게 그럴듯하게 만들어 주는 핵심 서식지다. 하지만 그 비전이란 도대체 무엇인가? 그 답이 다름 아닌 디지털 전례라고 할 수 있다.

PART 2

디지털 전례

—

지금까지는 세 가지 중요한 통찰을 살펴보았다. 첫째, 몸을 지닌 인간이 하나님께 신실하다는 것은 지혜롭게 산다는 뜻인데, 이 지혜는 주로 하나님의 눈으로 세상을 보고 그에 따라 반응하는 것이다. 하나님의 성품과 율법, 그분의 창조 세계에 합당하게 살아갈 때 우리는 지혜롭게 사는 것이다. 그래서 (몸을 지닌 피조물인 우리의 물리적 존재를 벗어나려 하는 것을 포함하여) 이 주어진 실재에서 우리를 멀어지게 하는 것은 무엇이든 지혜를 약화하기 마련이다.

둘째, 몸을 지닌 인간으로 존재한다는 것은 물질세계에 몸과 마음으로 반응한다는 의미이기도 하다. 우리는 변형 가능한 존재라서 우리의 문화와 습관, 세계관이 우리를 특정 종류의 사람으로 형성한다. 인터넷 기술은 우리에게 좋은 삶에 대한 비전, 곧 우리가 누구이며 어떤 존재가 되어야 하는지에 대한 서사를 전달한다. 이 서사는 우리 마음을 비물질적인 이상주의로 이끄는 경향이 있다. 제대로 된 도구와 기술을 통해 육체적 한계는 물론이고 물리적 피조물로서의 제약까지 극복할 수 있다는 (습관을 통해 형성된) 잠재적 신념을 심어 주는 것이다. 특히 무의식적 차원에서 이런 기술에 깊이 빠져들수록, 우리 욕구와 본능, 생각이 이 이야기를 더 많이 반영하게 된다.

셋째, 인터넷은 이런 새로운 양식의 신념과 행위를 만들어 내는 데 있어서 특히 강력한 기술이다. 단순히 우리가 온라인에서 발견하는 내용이 문제가 아니라, 인터넷이라는 형식 자체가 문제다. 웹은 특정한 방식으로 사고하거나 사고하지 않도록 명령하는 인식론적(지식 기반의) 서식지다. 특히, 웹은 시간을 두고 곰곰이 생각하는 훈련보다 훑어보는 식의 얕은 읽기와 자동적인 직감을 우선시함으로써 인간의 뇌가 생각하는 방식을 재교육한다. 온라인 '학습' 훈련을 계속해서 반복하는 동안, 우리 사고는 말 그대로 인터넷이 만들어 낸 사고로 바뀌어 버린다. 이 때문에 특정한 가치와 사고방식은 웹이라는 인식론적 서식지 밖에 있을 때보다 그 안에 있을 때 우리에게 훨씬 더 설득력 있게 느껴지는 것이다. 웹은 우리 뇌와 마음을 가르친다.

―

그렇다면 자연스레 다음과 같은 질문이 떠오른다. "웹이 우리에게 가르치는 것은 '무엇'인가?"

이 질문이 이 책 2부의 주제다.

교회와 쇼핑몰처럼 웹은 개인을 형성하는 장소다. 특정 행위와 신념이 더 바람직하고 타당하게 보이고 다른 것들은 상대적으로 덜 그렇게 보인다. 그러나 교회와 쇼핑몰과 달리 웹, 특히 소셜 미디어는 대다수 현대인에게 일상적인 의식이 되었다. 오랫동안 인터넷은 보통 사람이라면 주도적으로 기회를 찾아야 하는 '옵트인'(opt-in) 매체였다. 인터넷을 사용하려면 어떤 특정한 방에 들어가 앉아서 구체적인 일련의 기술을 사용해야만 했다. 이제 인터넷은 '옵트아웃'(opt-out) 매체가 되었다. 사람들은 거의 자동으로 온라인 상태다. 우리의 일상적인 습관과 삶의 리듬은 온통 디지털에 연결되어 있다. 조금이라도 오프라인 공간을 만들기 위해서는 적극적으로 '옵트아웃'을 실천해야 한다. 일상의 기준이 오프라인에서 온라인으로 변했기 때문이다.

웹이 우리를 형성하는 인식론적 서식지라는 것이 사실이라면, 우리는 반드시 이 사실에 깨어 있어야 한다. 우리는 거의 끊임없이 그 서식지 안에 머물게 되기 때문이다. 우리가 던져야 할 질문은 "이 기술이 지금 당장 우리를 형성하고 있는가?"가 아니다. "'어떻게' 이 기술이 지금 당장 우리를 형성하고 있는가?"라고 질문해야 한다.

우리가 기술의 형성적 힘에 대해 잘 알아야 하는 두 번째 이유는 매체의 '내용'이 늘 바뀌기 때문이다. 이 웹사이트가 저 문제에 대해 잘못되었다거나, 이 문제나 저 문제에 대한 유명인 모 씨의 생각이 성경적이지 못하다는 말을 듣는 것만으로는 부족하다. 그런데도 지난 몇 년간 복음주의자들은 디지털 매체의 내용에만 집중하여, 분별력, 필터, 상호 책임감, 시간제한 등을 사용하도록 권면하는 경향이 있었다. 물론 이런 것도 가치가 있지만, 형식을 배제한 채 내용에만 집중하는 것은 순수함에 대한 환상을 불러일으킬 수 있다.

―

 페이스북에서 포르노그래피를 옹호하는 그리스도인을 찾아보기는 쉽지 않다. 하지만 신자들이 당면한 이슈는 언급하지도 않은 채 서로 싸우고 댓글을 주고받고 서로 물어뜯는 모습은 얼마나 많이 볼 수 있는가? 목사가 설교하면서 욕설을 내뱉으면 당연히 큰 충격이겠지만, 트위터에서 목사가 자신이 잘 알지 못하는(혹은 전혀 모르는!) 사람을 믿음이 없는 이단자라고 비난하는 모습은 얼마나 충격으로 느끼는가? 그런 모순을 볼 때면 이들이 가짜 그리스도인이며 온라인에 드러난 모습이 '진짜 모습'이라고들 결론을 내린다. 하지만 나는 그런 판단은 잘못이라고 생각한다. 많은 경우에, 그런 사람들이 가짜 그리스도인이라기보다, 그들이 사용하는 매체의 가치관이 그들을 근본적으로 형성했기 때문에 그런 모순이 나타난다.
 디지털 기술을 자세히 들여다보면 끊임없이 우리를 형성하고 있는 습관과 신념, 욕구를 볼 수 있다. 이런 습관, 신념, 욕구가 디지털 전례, 곧 좋은 삶에 대한 비전을 중심으로 한 생활 방식을 구성한다. 이제 우리는 이 디지털 전례가 어떤 것들인지 살펴보고, 창조주가 우리를 위해 만드신 삶의 관점에서 그것을 평가할 준비가 되었다.

04

디지털 전례 1: 진정성
나의 이야기, 나의 진실

    제이미는 대학생이다. 요즘 영문학 수업 시간에 그레이엄 그린(Graham Greene)이 쓴 『사랑의 종말』(*The End of the Affair*)을 공부하고 있다.[1] 토론 도중에 교수님이 학생들에게 모리스와 세라의 불륜 관계에 대한 저자의 관점을 어떻게 생각하느냐는 질문을 던진다. 그 질문은 부부 사이의 충실함과 불륜의 위험성에 대한 대화로 이어진다.

    제이미는 이 책에 대해서는 크게 이렇다 할 의견이 없다. 하지만 사랑 없는 결혼 관계는 절대 반대다. 제이미가 열두 살 때 부모가 이혼했는데, (제이미 생각에는) 그게 가족 모두에게 좋았다. 엄마 아빠는 사랑이 식었고, 어떻게든 함께 살려는 노력은 가정에 너무 큰 스트레스였다. 갈라선 이후에 오히려 두 사람은 객관적으로 더 행복한 듯하다. 제이미의 부모가(혹은 사랑이 식어 버린 그 어떤 부부라도) 헤어지지 말았어야 한다는 생각은 제이미가 보기에 시대에 뒤떨어졌을 뿐 아니라 불쾌하기까지 하다.

제이미가 손을 들었다. 다른 많은 학생과 달리 자신은 이 부분을 직접 경험했다고 이야기를 꺼낸다. 그가 생각하기에 그린의 로마 가톨릭적 결혼관은 가부장적이고 고리타분하며, 이혼 가정 자녀인 그에게 바람을 피우거나 헤어지는 것보다 힘겹게 결혼 생활을 유지하는 편이 더 낫다고 설득할 사람은 아무도 없을 것이라고 말한다.

몇몇 학생이 수긍한다는 듯 고개를 주억거리는 사이, 또 다른 학생들은 공손한 태도로 반대 의사를 표현한다. 언제나 이혼이 가장 좋은 대안인가? 불륜으로 결혼 서약을 깨는 것이 가정을 돕는 최선의 방법인가? 한 학생은 자신도 이혼 가정 출신이지만 부모가 헤어지지 않았으면 자기 인생이 어떻게 달라졌을지 날마다 궁금하다고 언급한다. 제이미는 할 말이 더 있었지만, 교수님은 시간 관계상 덜 논쟁적인 주제로 화제를 바꾼다.

많은 사람에게 이 토론은 고등 교육에서 바람직한 대화와 토론의 예시처럼 지극히 정상적으로 보였을 것이다. 하지만 수업이 끝날 무렵, 제이미는 속에서 화가 들끓었다. 그는 학생 식당 구석 자리에 앉아 핸드폰을 꺼내 트위터에 접속한다. 그러고는 글을 써서, 어떻게 문학 교수님이 다른 학생들이 그를 깔아뭉개도록 방치

했는지 팔로워들에게 알린다. 그는 사실을 말하려고 했지만, 교수가 종교적인 열성에 동조하느라 다른 학생들이 제이미의 산 경험을 진지하게 받아들이도록 권유하지 못했다는 것이다. 제이미는 이 교수의 수업을 들을 생각이 있는 사람들에게 당신의 이야기와 정체성이 묵살되고 무시당할 수도 있다고 경고하면서 트윗을 끝맺는다.

트윗을 올리고 2-3분이 채 지나지 않아 제이미의 핸드폰이 울리기 시작한다. 엄청난 알림이 뜨는데, 하나같이 다 지지하는 목소리다. "이런 일을 당하다니 유감이네요. 우리는 당신을 믿어요." 제이미의 트윗을 공유하고 이렇게 덧붙이는 사람들도 있다. "이 학교에 다니는 학생들이 어떤 대접을 받고 있는지 궁금하면 읽어보세요."

많은 사람이 '확연한 적대' 분위기에도 불구하고 자기 이야기를 한 제이미를 칭찬한다. 알림 수십 개가 수백 개가 되더니, 순식간에 제이미는 온라인에서 엄청난 격려와 지지를 받는다. 대부분 그가 모르는 사람들이다. 트윗을 공유한 몇몇 학생은 어떻게 하면 이 교수에게 공식적으로 항의할 수 있는지 묻기 시작한다. 교수가 제이미의 진실을 무시할 의향이 있다면 다른 학생들도 얼마든지 무시할 수 있지 않겠느냐는 것이 그들의 추론이다.

어떤 의미에서 이 이야기는 허구다. 학생들, 학교, 대화, 트윗은 모두 사실이 아니다(단지 『사랑의 종말』은 꼭 한번 읽어 보아야 할 진짜 소설이다). 하지만 또 다른 의미에서 이 이야기는 고통스러울 정도로 진실에 가깝다. 대다수 미국 대학 캠퍼스에서 주기적으로 벌어지는 이야기이기 때문이다. '제이미'를 다른 이름으로 바꾸고, 그레이엄 그린의 소설을 다른 책으로 바꾸면, 학생 운동으로 흔들리는 대학교에 대한 뉴스를 얼마든지 이야기할 수 있을 것이다. 많은 경우, 이 운동은 누군가 '나의 진실'을 침해했다는 우려에서 시작된다.

실제로, 이런 이야기들은 너무 흔해서 이를 다룬 책이 상당수 나와 있다. 그중에 심리학자 조너선 하이트(Jonathan Haidt)와 발언의 자유를 지지하는 변호사 그레그 루키아노프(Greg Lukianoff)가 쓴 『나쁜 교육』(The Coddling of the American Mind)은 훌륭한 책이다. 하이트나 루키아노프 둘 다 그리스도인도, 보수주의자도 아니다. 두 사람은 성경적 진리나 전통적 가치관을 지지하지 않는다. 그럼에도 하이트와 루키아노프는 개인을 불편하게 할 수 있는 사상으로부터 보호하려는 이념 때문에 현대 대학생들이 약해지고 있다고 믿는다.

그들은 교사, 상담가, 행정가가 학생들이 '연약하다.'라고 잘못 가정(하고 그에 따라 행동)함으로써 이들의 지적 의지와 개인적 건강을 약화하고 있다고 주장한다. "심지어 자신은 유약하지 않은 학생들까지도 '다른' 학생들이 위태한 지경에 빠져 있기 때문에 그를 보호해 주어야 한다고 여기는 일이 많다. 이른바 '감정 격발'이라는 딱지를 붙인 발언이나 텍스트들과 맞부딪히며 학생들이 더 강하게 성장할 거라고는 어느 누구도 기대하지 않는다."[2]

저자들은 이런 '유약함'의 문화가 발생한 이유에 대해 복잡하고 미묘한 설명을 제시한다. 그러나 내가 가장 중요하게 생각해 보려는 요인은 많은 사람, 특히 밀레니얼과 그보다 어린 세대를 반대 의견에 분해하거나 속상해하는 사람들로 만드는 기술의 역할이다. 지혜의 시선으로 인터넷이라는 인식론적 서식지를 자세히 들여다보면, 개인의 경험을 궁극적 진리로 특권화하는 경향이 단지 인터넷에서 발견되는 현상일 뿐 아니라, 소셜 인터넷 자체의 논리임을 알게 될 것이다.

모든 것의 민주화

적어도 한 가지 의미에서, 인터넷은 철저하게 평등주의적인 기술이다. 앞서 살펴보았듯이, 웹은 우리가 육체와 자연계의 한계를 극복할 힘을 준다. 웹의 힘으로 우리는 공간(8,000킬로미터 떨어진 동료와의 화상 회의), 시간(실시간 문자 소통), 주어진 물질성(온라인 프로필 수정)의 장벽을 뛰어넘을 수 있다. 가장 중요한 것은 웹이 사람의 재산이나 인종, 키, 성별, 인지도, 전과 등을 전혀 신경 쓰지 않는다는 것이다. 웹이 세상에 전달하는 코드와 알고리즘에는 차별이 없다. 제대로 된 기술만 보유하고 있다면, 당신이 원하는 것은 무엇이든 보고, 하고, 될 수 있다.

웹의 가장 큰 업적이라고 하면, 웹이 없었다면 접근조차 할 수 없었을 정보에 전 세계 수십억 인구가 자유로이 접근할 수 있게 된 것이다. 나는 켄터키주 루이빌 남부에 있는 우리 집 사무실에서, 전 세계 최고의 박물관이 소장하고 있는 고대 예술품과 문서 등의 유물을 볼 수 있다. 단 몇 초 만에, 파리나 런던, 요하네스버그의 실시간 거리 지도를 보면서 가상으로 인도를 거닐 수 있다. 최근까지만 해도 실제 도서관에서 책과 정기 간행물을 뒤져 볼 시간과 자료가 있는 사람들만 조사할 수 있었는데, 이제는 내가 그 생각을 떠올리는 것과 거의 동시에 가능해졌다.

어떻게 나 같은 무명의 중산층이 이 모든 것을 경험할 수 있게 되었는가? 돈도 고위 인맥도 (거의!) 없는 사람이 어떻게 이런 지식과 자료를 소유할 수 있는가? 당연히, 그 답은 웹이다. 웹은 우리 같은 수십억 사람을 세계 여행자, 교양 있는 관찰자, 해박한 장인으로 만들어 주었다.

이를 설명해 주는 단어가 바로 '민주화'다. 말 그대로 민주주의의 과정, 혹은 민주주의가 나타나는 과정이 민주화다. 웹이 정보와 경험을 민주화했다는 말의 의미는 웹이 아니었으면 소수만이 접근할 수 있었을 내용을 이제는 웹을 통해서 많은 사람이 접근할 수 있게 되었다는 것이다.

그 생생한 예가 연예 산업이다. 최근까지만 해도 음악을 좋아하는 사람은 큰돈을 들여서 실물 레코드를 사야 음악을 들을 수 있었지만, 이제는 스마트폰만 있으면 누구나 스트리밍을 할 수 있다. 마찬가지로, 외진 곳에 사는 사람들도 온라인 쇼핑을 통해서 희귀하고 독특한 물품을 얼마든지 살 수 있다. 민주화란 과거에는 가진 자들만 누릴 수 있었던 것을 그렇지 못한 사람들도 소유하고 누릴 수 있게 된 것을 의미한다. 이를 통해 인터넷이 세계 역사상 가장 큰 민주화 세력 중 하나이자 아마도 가장 위대한 세력인 것이 분명해진다.

그러나 민주화에는 부작용도 있다. 정치 평론가 톰 니콜스(Tom Nichols)는 나중에 동명의 책으로 출판된 2014년 에세이에서, "전문 지식의 죽음"(the death of expertise)을 다음과 같이 논한다. 이는 정보의 자유로운 이용과 개인이 자신의 관점을 쉽게 표현할 수 있는 환경으로 인해 모든 사람에게 지적 자유가 보장되는 인터넷 시대의 조건을 가리킨다.

지역 신문 지면에서조차 공적 토론에 참여하려면 편지나 기사를 제출해야 하던 시절이 있었다. 그 글은 물론 사고력이 뛰어나야 했으며, 편집부의 검토를 거쳐서, 글쓴이의 이름을 걸고 실려야 했다. 그리고 나서도 주요 신문에 독자 편지가 실리는 것은 대단한 일이었다. 그러나 이제는 누구나 주요 언론사의 댓글 창에 난입할 수 있게 되었다. 때때로 이런 개방성이 더 나은 사고를 촉진하는 자유로운 토론을 낳기도 한다. 하지만 대부분의 경우, 익명성 뒤에 숨어 원하는 말을 아무렇게나 쏟아 낼 수 있으며, 자신의 주장에 대해 책임질 필요도, 반박당할 위험도 없는 환경이 되어 버렸다.[3]

확실히, 스스로 전문가라고 칭할 수 있는 일종의 물질적 이해관계가 있는 사람들이 '전문성'의 가치를 과장하는 경우가 많다. 또한 많은 공공 기관이 취약하고 지역 사회 지도자에 대한 신뢰가 부족한 주요 원인은 '전문가'로 임명된 사람들의 실패와 무책임 때문이었다. 니콜스가 인정하듯이, 전문가들이 일을 그르칠 수도 있고, 원인을 제공한 사람 때문에 그 잘못이 바로잡히지 않을 때는 모두가 고통을 받는다.

하지만 이 모두는 인터넷 시대라는 독특한 딜레마로 돌아온다. 모든 것을 철저히 민주화하여 수십억의 보통 사람에게 실제적인 힘과 목소리를 부여했지만, 그로 인해 각 목소리의 차이가 사라져 버렸다. 오프라인에서는 학위나 경력, 훌륭한 기관의 추천이 그 사람의 견해의 가치와 다른 일반인의 가치를 자연스레 구별해 준다. 더 나아가, 대학, 자격증 위원회, 행정 관청 등 해당 전문가의 자격을 알려 주는 유형의 조직이 전문가와 비전문가 사이의 이런 구분을 더 강화하기 마련이다. 다시 말해, 아날로그 세계에서는 모든 사람이 법에 따라 평등하게 정의를 받을 권리가 있지만, 모든 사람의 통찰이나 목소리가 똑같이 타당하거나 방송할 가치가 있는 것으로 간주되지 않도록 사회가 구성되어 있다.

웹은 매우 실제적인 의미에서 자격증을 지우는 환경이라고 할 수 있다. 모든 사물과 사람이 형체가 사라질 때 전문가와 비전문가의 이런 구조적 차이는 거의 의미가 없다. 중요한 것은 '경험'이다. 온라인에서 개인의 서사는 정말로 권위 있는 지식이다. 온라인에서는 당신이 어떤 사람인지, 어떤 업적을 이루었고 지식을 얼마나 쌓았는지는 중요하지 않다. 중요한 것은 당신의 이야기요 당신의 진실이다.

이야기의 힘

이를 설명하기 위해서 의심할 여지없는 인터넷 시대의 가장 혁신적인 결과물, 고객 리뷰를 생각해 보자. 온라인 시대에 고객 리뷰가 얼마나 중요한지는 두말하면 잔소리일 것이다. 아이폰 사용자가 지도 앱에서 식당을 찾으면 주소와 운영 시간, 웹사이트 주소만 나오지 않는다. 자동으로 최신 리뷰 일부가 보인다. 아마존은 각 상품명 아래에 고객이 매기는 별점을 눈에 띄게 보여 주는데, 소비자는 그 검색 결과를 가장 높은 평점 순으로 배열할 수 있다. 웹에 있는 모든 것에 리뷰가 붙고, 대다수 검색 엔진과 웹사이트는 이런 리뷰를 눈에 잘 들어오게 배치한다. 치료사부터 교수, 교회와 유치원에 이르기까지 온라인에 존재하는 모든 것에는 평판이 따라붙기 마련이다. 어떤 기관이 있다는 사실을 알게 된 바로 그 '순간', 그에 대한 다른 사람들의 평가를 알 수 있다.

온라인 고객 리뷰는 아주 특이한 종류의 글이다. 대부분의 리뷰는 일인칭으로 작성된다. "저는 이곳에서 이런 경험을 했고, 그에 대한 제 생각은 이렇습니다." 온라인 리뷰는 제품에 대한 반응과 서비스에 대한 반응이 하나로 뒤섞여서 둘이 명확하게 구별되지 않는 경우가 많다. 가장 중요한 것은, 고객 리뷰가 순전히 개인의 경험을 바탕으로 제품과 기관, 다른 사람들에 대한 평가를 내린다는 점이다.

대부분의 온라인 리뷰는 개인의 경험, 그것도 많은 경우에 고작 한 차례 경험을 토대로 해당 인물이나 제품, 장소를 판단하는데, 그 경험 자체에 어떠한 해석이나 의문, 반발의 여지를 주지 않는다. 인터넷과 마찬가지로, 고객 리뷰도 실체는 없지만 강력한 영향력을 끼친다. 거기에 반응할 수도 있고 내용을 불신할 수도 있지만, 유의미한 방식으로 반발할 수는 없다. 평가자의 개인적 관점은 나머지 다른 고려 사항과는 동떨어져 있다.

온라인 리뷰는 이야기를 들려주는데, 개인의 경험인 이 이야기는 토론 가능한 주장이 아니라 누구도 이의를 제기하기 힘든 일종의 자기표현이다. 예를 들어, 동네에 새로 생긴 식당에 대한 리뷰에서 음식이나 서비스, 가격에 대한 다양한 언급을 볼 수 있다. 하지만 대부분 이런 글에는 전채 음식이 얼마나 간이 잘 되었는지,

종업원 교육을 어떻게 했는지, 경쟁 업체와 비교했을 때 가격이 어떤지 등에 대해 과학적으로 객관적인 평가를 기록하지 않는다. 오히려 이런 표현이 흔하다. "스테이크가 잘 구워져 나왔어요." "종업원이 무례하고 정신이 없었어요. 우리를 잘 챙기지도 않았고요." "너무 비싸서 가성비가 없어요." 리뷰에서는 이런 말들이 더 설득력 있고 효과적인데, 그것이 단순한 견해가 아니라 '이야기'이기 때문이다. 그리고 온라인 세계에서는 당신의 이야기가 당신의 진실이다.

물론, 인터넷에서만 그런 것은 아니다. 오프라 윈프리(Oprah Winfrey)가 "당신의 진실을 말하는 것이 우리가 소유한 가장 강력한 도구다."라고 말했을 때는 형태가 없는 웹만 염두에 둔 것은 아니었다. 윈프리는 표현적 개인주의에 대해 말하고 있었다. 자아에 충실한 것, 자기 내면의 욕구와 관점과 느낌을 끊임없이 실현하는 것이 좋은 삶의 본보기라는 개념이다. 표현적 개인주의를 실현하기 위해 스마트폰이나 트위터 계정이 필요하지는 않다. 이것이 모든 디즈니 영화의 줄거리, 모든 히트곡의 숨은 의미, 대다수 사회 운동과 정치 운동의 토대 등 서양 사회를 둘러싼 세계관이다. 이 중에 온라인에만 존재하는 것은 없다.

그리고 웹은 우리 내면의 표현적 개인주의를 개발할 수 있도록 독특하게 설계되어 있다. 인터넷에는 우리에게 직접적으로 표현적 개인주의를 가르치는 수많은 기사와 인플루언서, 팟캐스트만 있는 것이 아니다. 인터넷이라는 '형식'과 그 성격 자체가 자아 중심성을 부추긴다. 웹은 철저하게 민주화된 매체이기 때문에 세상을 바라보는 이 평평한 사고방식을 바람직한 표준으로 끊임없이 제시한다. 사람들이 기독교 교리를 믿는 사람들에게서 부당하게 대우받은 이야기를 들려주면서 역사적 기독교 교리를 비판하면, 그 교리를 거부한 것을 지지하고 격려해 주는 댓글과 메시지가 넘쳐 날 수밖에 없다. 그들이 올린 글은 입소문이 나서 수천 명이 읽고 보고 공유하게 될지도 모른다.

반면에, 수십 년간 기독교 교리를 연구하고 가르친 신학자는 그 교리를 거부하지 않아야 한다는 학문적 논거를 제시하려 할 수도 있지만, 종종 무신경하거나 심지어 폭력적이라는 비난을 받을 것이다. 웹의 세계에서 어떤 이의 이야기에 논쟁으로 반응하는 것은 범주의 오류라고 할 수 있다. 논쟁이나 주장은 전문 지식의 영역이고, 이야기는 민주화의 영역이다.

닐 포스트먼(Neil Postman)은 『죽도록 즐기기』(*Amusing Ourselves to Death*)에서 텔레비전이 우리 사회를 텔레비전처럼 만들었다고 주장했다. 그는 담론이 하찮아지고 공공의 삶에서 엔터테인먼트가 과도해지는 것을 주로 우려한다. 그는 사회의 점점 더 많은 경험에서 성찰과 학문이 자취를 감추고 더 시끄럽고 단순해지는 것을 목격했다. 포스트먼은 텔레비전으로 인해 사회가 스스로를 보는 방식에 혁명이 일어났기 때문에 이런 일이 벌어졌다고 믿었다.

텔레비전이야말로 우리 시대를 파악할 수 있는 으뜸가는 문화 양식이다. 따라서 굉장히 중요한 사실은, 텔레비전이 세상을 보여 주는 방식이 세상을 제대로 보여 주는 방식의 모델이 된다는 것이다. 이는 단지 텔레비전 화면 속에서만 모든 담론이 오락적 요소로 전락한다는 뜻이 아니다. 현실 세계에서도 동일한 메타포인 오락적 요소가 활개 친다는 뜻이다. 한때 활판술이 정치, 종교, 경제, 교육, 법을 비롯한 중요한 사회 문제를 행사하는 방식을 결정했듯이, 이제는 텔레비전이 지배한다. 법정이나 교실, 작업실, 회의실, 교회와 심지어 비행기 안에서도 미국인들은 더 이상 서로 대화를 나누지 않고 서로를 즐긴다. 사람들은 생각을 나누는 것이 아니라 이미지를 교환하고 있다.[4]

다시 말해, 포스트먼에 따르면, 사람들은 텔레비전을 보면서 누구나 다 아는 언어와 주의를 끄는 속임수를 본다. 텔레비전이 사람들의 시간과 주의를 장악하기 시작하자, 결국 사람들은 텔레비전에 나오는 내용이 이상적인 세계의 모습이라고 (잠재의식 속에서까지) 확신하게 되었다. 텔레비전은 세상을 단순히 기록하고 있지 않았다. 세상을 재형성하고 있었다.

앞선 포스트먼의 인용문에서 시간이 흐르면서 달라진 유일한 점이 있다면, 바로 첫 문장이다. 오늘날 우리 사회를 주로 형성하는 것은 텔레비전이 아니다. 인터넷이다. 만약 사소한 엔터테인먼트가 문화를 자신의 이미지로 재구성한 텔레비전의 결정적 요소였다면, 월드 와이드 웹에서 그에 상응하는 요소는 '나의 이야기, 나의 진실'이라는 에토스(*ethos*)일 것이다.

소셜 인터넷은 불가피하게 자기, 곧 사용자가 중심이다. 어디로 가고 싶으면 클릭하거나 글자를 입력해야 한다. 가장 중요한 것은, 온라인 공공 광장에서 유의미한 방식으로 존재하려면 자신을 표현해야 한다는 것이다. 당신의 관심을 끄는 내용에 '좋아요'를 누른다. 맘에 들거나 동의하는 내용은 '공유'한다.

무엇보다 온라인 세계의 무게 중심은 당신의 프로필에 있다. 당신은 자신의 정체성을 만들 수 있는 신에 가까운 능력을 부여받았다. 당신은 누구인가? 그 답은 당신의 프로필이 무엇을 말하는지에 달려 있다. 당신은 프로필 사진을 선별하고 편집하고 조정하여 사람들이 '당신'을 볼 때 보게 될 내용을 완전히 통제할 수 있다.

이처럼 소셜 미디어에 존재하는 당신의 삶은 당신이 자신에 대해 의식적으로 노출하는 내용에 전적으로 달려 있다. 다른 사람들 앞에서 실망스럽거나 난감한 일이 벌어질 때 눈앞에 펼쳐진 상황에 속수무책 당해야만 하는 오프라인 세계와 달리, 인터넷은 우리의 자기표현과 정체성 사이의 거리를 완전히 무너뜨린다. 인터넷에서 우리는 우리가 선택한 자기 모습으로만 존재한다.

언뜻 들으면 엄청난 해방감을 주는 이야기다. 그러나 온라인이 가르치는 이런 개인의 자율성 아래서 평생 살아온 젊은 세대를 자세히 들여다보면, 두 가지 중요한 상태가 드러난다. 혼란과 탈진이다.

혼란

인터넷을 통해 모든 것이 철저하게 민주화되는 것은 두 가지 측면에서 유익하다. 첫째, 기관과 전통처럼 사람들이 기존 단체에 대해 갖고 있는 신뢰를 줄여 주기 때문에 유익하다. 이것은 널리 회자된 2022년 〈애틀랜틱〉 표지 기사 "미국의 지난 10년이 유독 어리석었던 이유"[5]에서 조너선 하이트가 내놓은 분석이다.

하이트의 주요 관심사는 소셜 미디어가 정치 문화에 미친 영향이다. 그는 소셜 미디어 플랫폼이 진정한 지식과 생산적 대화를 보호해 주는 과정과 네트워크에 대한 불신을 부추긴다고 주장한다. 우리는 스스로 똑똑한 체하는 사람이 되어, 논란이 많은 뉴스 기사를 열심히 훑어보며 확증 편향을 찾아내는 한편, 끊임없이 우리 의견을 입증해 주는 피드를 선별한다.

그는 이렇게 결론을 내린다. "인간 심리에 대한 순진한 개념, 제도의 복잡성에 대한 이해 결핍, 사회에 부과되는 외부 비용을 고려하지 않고 성장을 위해 모든 것을 서두르면서, 페이스북, 트위터, 유튜브 및 기타 대형 플랫폼은 크고 다양한 세속 민주주의를 하나로 묶어 왔던 신뢰, 제도에 대한 믿음, 공유된 이야기를 부지불식간에 해체해 버렸다."[6]

신학자 칼 트루먼(Carl R. Trueman)도 (기독교적 관점이기는 하지만) 똑같이 지적한다. 트루먼은 "한 국가가 존재하려면, 구성원들은 그들이 국민으로서 일관된 정체성을 부여하는 어떤 것을 공유하고 있다고 상상해야 한다."라고 말한다.[7] 그러나 이 의도적인 연대감은 사람들의 개인적 정체성이 널리 퍼질수록 약화될 수 있는데, 이것이 바로 인터넷이 미친 영향이라고 할 수 있다.

경구 피임약 형태의 과학 기술이 전통적 성 윤리를 약화하는 데 도움이 되었다면, 인터넷 형태의 과학 기술은 우리의 상상된 공동체의 전통적 서사를 약화하는 데 도움이 되며, 전통적 서사를 대체하기 위한 다른 서사를 제공한다. 실로 정보 통신 기술은 오늘날 다수의 서사가 경쟁 관계에 존재하게 되었으며, 그 결과로 공동체를 상상하는 방식도 매우 다양해졌음을 의미한다…요약하면, 통일된 공동체는 제한된 정보만을 상정했고, 그로 인해 하나의 지배적인 서사가 공동체 전체에 일관성을 부여할 수 있었다.[8]

이 말이 대중 정보가 사회에 미치는 영향에 대한 흥미롭지만 무해한 철학적 관찰처럼 들릴지도 모르지만, 여기서의 핵심은 실제로는 매우 충격적이다. 인터넷, 특히 소셜 미디어는 주어진 확고

한 정체성이나 목적의식에서 수많은 사람을 놓아주었다. 웹이 우리로 하여금 웹의 성격과 비슷하게 사고하고 느끼는 습관을 형성하는 경향이 있다고 한 니콜라스 카의 언급을 다시 떠올려 보자. 하이퍼텍스트, 훑어보기, 끊임없는 주의 분산, 최대한의 입력 등에는 신중한 반성이나 주어진 것이 들어설 여지가 전혀 없다. 기술이 단순히 세상을 무대화할 뿐 아니라 어떻게 무대화해야 하는지를 우리에게 가르칠 수 있다고 한 닐 포스트먼의 말이 옳다면, 우리는 스스로를 만들어내기로 선택하기 전까지는 자신이 누구인지조차 알지 못하는 사람이 되어 가고 있을지도 모른다.

혼란이 온라인을 지배한다. 디지털 혁명이 정보를 재분배해서 엄청난 공공 지식이 쏟아졌지만, 공공의 지혜는 오히려 줄었다. 와이파이가 연결된 핸드폰만 있으면, 세상 그 누구라도 상상 가능한 모든 종류의 데이터나 이야기, 주장에 접속할 수 있다. 하지만 그 덕에 폭넓은 전문성 문화가 생겼다고 말할 사람은 없을 것이다. 오히려 강력한 의견 충돌을 조성하는데, 특히 사람들이 전혀 다른 출처에서 정보를 얻기 때문에 서로 딴소리를 하는 다툼이 많다.

미투(#MeToo)나 처치투(#ChurchToo) 같은 운동은 학대와 부당한 대우를 받은 피해자들이 가해자들에게 책임을 묻도록 힘을 실어 주었지만, 동시에 도덕적 죄책에 대한 소송을 적법 절차 기관이 아닌 소셜 미디어로 옮겨 놓았는데, 이는 피해자와 무고한 피고인 모두에게 해를 끼칠 수 있다.

더군다나, 개인의 서사에 부여된 권위는 성경 말씀대로 정의를 행하고 인자를 사랑하려는 사람들에게(미 6:8) 엄청난 딜레마를 안겨 준다. 우리가 어떤 사람을 신경 쓰고 그의 삶을 진지하게 생각하고 있다는 사실을 보여 주기 위해서 그 사람의 증언에 곧장 동의하는가? 우리가 모든 사실을 다 알지 못해서 성경적 증거 기준을 엄격하게 적용할 수 없다는 이유로 한 사람의 이야기를 완전히 무시하는가? 아무 말도 하지 않고 아무 생각도 하지 않는가? 혼란이 지배하는 시대다.

웹이 세상이 주어졌다는 개념에서 벗어나 무한한 자기 창조의 세계로 확장되는 사이, 사회는 서로 맞지도 않는 여러 부분으로 자기 나름의 의미를 구성하고 있다. 우리에게 더 높은 목적이나 의미 따위는 없다. 더 많은 입력과 더 많은 큐레이션, 우리 '이야기'에 추가할 것들만 있을 뿐이다.

이런 관점에서, 트랜스젠더 혁명은 타당한 정도가 아니라 불가피하게 느껴질 정도다. 인터넷이 없었다면, 최근 전 세계적으로 '남성'과 '여성'을 구분하기가 이렇게 힘들어질 수 있었을지 의문이다. 세상 모든 실존주의 철학도 현대인의 성 혁명에 가장 본질적인 일, 곧 자아감을 객관적 실재의 영역에서 분리해 주지는 못했다. 하지만 웹은 할 수 있다.

트랜스젠더 운동에서 실체가 없는 인터넷이 얼마나 중요한 역할을 하는지가 애비게일 슈라이어(Abigail Shrier)의 책 『되돌릴 수 없

는 피해: 우리 딸들을 유혹하는 트랜스젠더 광기』(*Irreversible Damage: The Transgender Craze Seducing Our Daughters*)의 핵심 주제다. 저자는 그리스도인도 보수주의자도 아니다. 그녀는 성인이 자신을 다른 성으로 인식하는 것이 잘못이라거나 현명하지 못하다고 생각하지 않는다. 하지만 스스로 트랜스젠더라고 생각하는 십대와 그보다 더 어린 소녀들이 급증하는 현상은 해방이 아니라 세뇌라고 믿는다. 저자는 소녀들 사이의 트랜스 현상을 분석하면서 인터넷 이외에도 많은 요인을 다루지만, 확실히 소셜 미디어가 이 서사에서 가장 중요하다.

저자는 갑자기 전혀 예상치 않게 자신을 소년으로 생각하는 소녀의 사례들을 소개하는데, 거의 모든 경우에 트랜스젠더 정체성을 갖도록 부추기는 온라인 하위문화에 푹 빠져 있는 상황이 확인된다. 이 문제가 너무 심각하기 때문에 저자는 책의 마지막 장에서 부모들에게 트랜스젠더 정체성 '전염'을 막기 위한 일곱 가지 조언을 제시한다. 그중 첫 번째 조언이 "아이에게 스마트폰을 주지 말라."는 것이다.[9] 실제로, 이 기술이 어린 사용자들에게 미치는 힘이 얼마나 강력한지 스마트폰을 발명한 사람들조차 자기 자녀에게 스마트폰을 금지할 정도가 되었다.[10]

따라서 트랜스젠더주의의 혼란은 우리 정체성에 대한 더 총체적인 혼란이 겉으로 드러난 증상에 불과하다. 성전환 논리는 인터넷의 자기 창조와 자기 큐레이션 논리와 유기적이다. 당신이 남들에게 보여 주기로 선택한 존재가 진짜 '당신'이다. 단순히 현대인이 자신의 정체성에 부여된 초월적 질서를 의식적으로 거부하기로 선택하는 것만이 문제가 아니다. 그런 질서라는 '개념' 자체가 프로필 페이지를 통해서만 자신을 인식하는 세대들에게 직관적으로 거짓처럼 들린다는 것이 문제다. 이것은 나의 이야기이고, 나의 진실이다. 이것이 나 자신(셀카)이며, 세상에서 내가 어떤 존재인지는 내가 결정해야 하기 때문이다.

탈진

'나의 이야기, 나의 진실'이 잘하는 두 번째 일은 우리를 매우 피로하게 만드는 것이다. 한편으로 절대 해방과 자율성이 현대 문화의 특징이라면, 다른 한편에는 슬픔과 외로움, 탈진이 특징이다.

사회학자 진 트웬지(Jean Twenge)는 2016년작 『i세대』(*iGen*)에서, 십대 사이에 불안과 우울감이 증폭한 현상에 주목했다. 책 제목은 1995년 이후에 태어난 미국인 집단을 가리킨다. 트웬지는 이 연구에서, 십대를 괴롭히는 '괴로움의 전염병'을 언급한다. "2010년과 비교하여 2015년에는 56퍼센트 이상의 십대가 주요 우울증…과 60퍼센트 이상이 심각한 장애를 겪었다."[11] 여기서 세대 차이가 극명히 드러난다.

트웬지의 조사에 따르면, 2007년에는 12-14세 사이 여성의 약 0.8퍼센트가 자살로 사망했다. 2015년에는 그 숫자가 2.5퍼센트였다.[12] 저자는 자신의 통계가 확실한 이야기를 들려준다고 믿는다. "스마트폰이 보편화되고 대면 교류가 갑자기 감소한 시기와 거의 동일한 시기에 우울 증상이 급격하게 증가했다."[13]

이런 상관관계가 나타나는 이유는 사회학자들 사이에서 격렬한 토론을 불러일으킨다. 그러나 트웬지는 세대 간 연구에 참여한 열여섯 살 소녀의 의미심장한 말을 인용한다. 그 소녀는 온라인상의 자아를 유지해야 하는 압박에 대해 언급하면서 이렇게 말한다. "매일 아침 일어나서 가면을 쓰고 나 자신이 아닌 다른 사람이 되려고 애쓰는 기분이에요."[14]

물론, 정말 그렇게 한다는 뜻은 아니다. 소셜 미디어의 핵심은 다른 사람이 아니라 당신을 당신 페이지에 표현하는 것이다. 그러나 많은 사람이 소녀의 말뜻을 이해했으리라 생각한다. 아이러니하게도, "당신을 알리라."라는 소셜 미디어의 초대에 응할 때 우리는 더 인정받고 사랑받는다기보다는 그렇지 못하다고 느낄 때가 많다. 우리 자신을 창조하는 작업은 활력을 주기보다 오히려 우리를 피곤하게 만들고, 미치게 만들기까지 한다.

왜 그럴까? 두 가지 이유가 있다. 첫째, 이 자기 창조 작업은 우리가 알 수 없는 것에 기초한다. 당신의 가장 깊은 정체성을 의식적으로 만들고 큐레이션한 후에야 그것을 발견할 수 있다면, 이 작업은 아무 연료가 없는 상태에서 이루어진다. 트레빈 왁스는 그 점을 이렇게 간결하게 표현한다. "사람들은 내면을 들여다보고 자신의 욕구를 찾는 일이 쉽다고 생각할 때가 많다…그러나 그렇지 않다. 사실, 사람들은 자신이 어떻게 행복해질 수 있는지 모른다."[15]

우리가 자신을 끝없이 알고 증명하지 못한다는 사실은 디지털 시대에 사소한 방식으로 드러난다. 내가 '넷플릭스 딜레마'라고 이름 붙인 현상을 생각해 보자. 넷플릭스에는 수백 가지 선택지가 있고 그 선택에는 아무런 제약이 없음에도 불구하고, 많은 사람이 다음에 무슨 프로그램을 볼지 몰라 마비되는 느낌이라고 말한다. 이 문제가 너무 흔해져서 이제 넷플릭스는 '랜덤 재생'(Surprises Me) 기능을 제공한다. 시청자는 굳이 특정 작품을 고를 필요 없이 알고리즘이 골라 주는 프로그램을 보게 된다. 무제한의 자유와 선택의 힘은 우리의 창조적 자기표현을 불러일으키기보다는 남이 나를 대신해 생각해 주기를 바라게 만드는 듯하다.

이는 우리를 탈진하게 만드는 두 번째 이유로 이어진다. 웹은 우리를 다른 사람의 권력으로부터 해방해 주지 않는다. 웹이 가족이나 교회, 공동체의 기대와 요구를 넘어서는 삶의 방식을 제공하는 듯하지만, 오히려 우리의 위치만 옮겨 다른 사람들의 요구에 계속해서 복종하게 할 뿐이다. 작가이자 신학자인 앨런 노블(Alan Noble)은 그 구성원들이 우리가 자신에게만 속했다고 믿게 만드는 현대 사회의 이런 상황을 다음과 같이 묘사한다.

우리가 그저 우리 자신에게만 속해 있다면, 그저 언제까지나 나는 나일 뿐이다. 그 이상도 그 이하도 아니다. 우리가 가진 것은 수시로 변하는 선택 사항들이고 기준이 무엇이든 그 기준에 미치지 못한다는 답답한 느낌뿐이다. 우리의 일은 불충분하다. 우리의 집은 불충분하다. 우리의 취향은 불충분하다. 우리의 배우자는 불충분하다. 우리의 몸은 불충분하다. 우리의 교육은 불충분하다. 우리의 요리는 불충분하다. 모든 것이 다 불충분하다. 사회는 약속을 이룰 수 없다. 분명한 목표를 제시하지 않기 때문이다. 이런 의미에서 사회의 약속은 경고에 더 가깝다. 당신은 자신의 독립적인 자아를 계속해서 찾고 표현하고 다시 정의하고 다시 찾기를 죽을 때까지 반복하게 될 것이다![16]

우리는 일종의 억압감에서 벗어나기 위해 안전한 자기 창조로 후퇴하려 하겠지만, 자기 창조는 사실상 자기 억압의 형태로 바꾸어 버린다. 주어진 것이 없다면, 우리는 스스로가 자아를 창조해야 하며, 인정받기 위해서는 그 자아가 훌륭한 자아여야 할 것이다. 그것이 훌륭한 자아인지 아닌지 어떻게 알 수 있는가? 우리는 '좋아요'와 댓글, 구독자와 리트윗 숫자를 확인한다. 우리가 진실을 말하고 있는지 어떻게 알 수 있는가? 얼마나 많은 사람이 우리 말에 동의하는지 살핀다. 우리가 최선의 삶을 살고 있는지 어떻게 알 수 있는가? 우리도 우리가 좋아하는 인플루언서들의 완벽한 프로필 사진을 흉내 내려 애쓴다. 행복하고 올바른 삶에 대한 비전에 우리를 끼워 맞추려는 이 끝없는 과정이 우리를 지치게 만든다. 그래서 간헐적인 휴식으로 거기에 보복한다. 스스로 행복하기 위해서 우리는 우리가 더 행복해지기 위해 가입한 똑같은 플랫폼에서 때때로 로그아웃해야 한다.

대안

그렇다면 어떤 대안이 가능할까? 웹의 논리가 우리를 표현적 개인주의의 이미지로 형성한다면, 기독교의 지혜는 우리를 어디로 인도할까?

기독교의 지혜는 내가 자신의 최종 권위자가 아니라고 말한다. 나는 스스로 창조하거나 유지할 수 있는 존재가 아니기에 나 자신의 의미와 삶의 목적을 창조할 수 없다. 게다가, 나는 자신의 경험조차 확실하게 해석하지 못한다. 나는 하나님이 아니라 피조물이기 때문에 내 욕구와 직감을 도덕적 진리로 보편화할 수 없다.

그러나 다른 한편으로, 나는 하나님의 피조물이기 때문에 중요하다. 내 이야기는 불합리하거나 무의미하지 않다. 내 삶과 내 몸에조차 초월적인 목적이 있다. 내가 자신의 의미를 만들어 낼 수 없기 때문에 그렇게 하지 않아도 된다. 내가 진정성 있거나 최선의 자아라는 사실을 알기 위해 사회의 검증을 기다리지 않아도 된다. 오히려 그리스도께서 내게 명령하신 삶을 살아가고 있는지를 통해 내가 내 목적대로 살아가고 있는지를 알 수 있다.

내 이야기는 세 가지 근본적인 실재에 기초한다. 첫째, 선천적으로나 후천적으로 나는 내 창조주를 거부한 반역자요 우주의 배반자다. 절망하고 불안해하는 내 의식은 내가 거룩하신 하나님의 도덕성은 고사하고 내 자신의 도덕성조차 완벽하게 유지할 수 없음을 증명한다. 위대한 교회 신학자 성 아우구스티누스(Saint Augustine)는 하나님을 버리고 자아로 돌아서는 것이 죄라고 설명했다.[17] 자아의 기준에서 현실을 정의하는 것이 내 본성이며, 이런 행동을 통해 나와 다른 사람들에게 해를 끼치게 된다.

둘째, 나는 반역자이지만 사랑받는 존재다. 사랑의 하나님은 그리스도를 보내셔서 내가 살았어야 할 삶을 대신 살게 하시고 내가 죽었어야 할 죽음을 대신 죽게 하셨다. 그리스도는 완벽한 이야기를 사셨다. 하나님을 최고로 사랑하시고 이웃을 온전히 사랑하시면서, 아름답고 흠이 없는 조화로운 이야기를 사셨다. 그분이 하신 모든 일은 옳았고, 그분의 모든 생각은 순결했으며, 그분이 하신 모든 말씀은 진리였다. 십자가에서 돌아가신 그리스도는 내 죄를 대속하시고 하나님의 진노를 전적으로 온전히 받으셨다. 그렇게 해서 그리스도의 완벽하고 흠이 없는 생명만을 남기셨으며, 이제 그 생명이 내게 전가되었다. 이것은 누군가가 나를 위해 해 줄 수 있는 가장 큰 사랑의 행위인데, 내가 아직 죄인이었을 때 이 일이 이루어졌다. 이제는 더 이상 내가 중요한 사람인지 의심한다든가, 살아야 할 이유가 있다는 것을 의심할 이유가 전혀 없다. 내가 그리스도 안에 있고 그리스도가 내 안에 계시기 때문이다.

마지막으로, 내 삶의 목적은 나를 향한 그리스도의 사랑을 더 깊이 경험하고, 이 사랑을 다른 사람들에게 표현하는 것이다. 나는 기뻐하는 자들과 함께 기뻐하고, 우는 자들과 함께 울며, 나를 미워하는 자들을 사랑하고, 나를 저주하는 자들을 축복하며, 나 자신보다 다른 사람들을 앞세울 수 있다. 그리스도가 내 마음에 부어 주신 사랑으로 그분을 닮아 갈 힘과 갈망이 생겨났기 때문이다.

내 직업이 중요한 까닭은 내가 단지 사람이 아니라 그리스도를 위해 일하기 때문이지만 그 직업이 나를 정의하지는 않는다. 내 관계가 중요한 까닭은 그리스도가 내게 다른 사람을 사랑하고 섬기라고 명령하셨기 때문이지만 그 관계가 나를 정의하지는 않는다. 내 경험이 중요한 까닭은 그리스도가 내 삶을 주관하시며 모든 것이 합력하여 선을 이루게 하시기 때문이지만 그 경험이 나를 정의하지는 않는다.

나의 정체성이나 삶의 의미를 애써 만들어 낼 필요가 없다. 하나님이 나를 자녀로 부르셨고, 그분의 자녀로서 나는 그리스도가 소유하신 모든 것을 소유하게 될 것이기 때문이다.

이것이 나의 이야기이고, 나는 이 이야기를 놓치지 않을 것이다.

05

디지털 전례 2: 격분
생각의 폐기

얼마 전에 있었던 일은 내게 희한하지만 큰 깨달음을 주었다. 순전히 우연으로, 한 친구와 내가 자그마한 바비큐 식당에 점심을 먹으러 들어갔다. 뒤쪽에 자리를 잡자마자, 언젠가 소셜 미디어상에서 나와 약간의 격론을 벌인 한 남자가 눈에 들어왔다. 사실, 그 사람은 내가 믿는 내용이 굉장히 못마땅했던 나머지 오래전에 나를 차단해 버렸다. 차단당하는 걸 좋아할 사람은 아무도 없을 테고, 나 역시 그 일에 조금 상처를 받았다. 어쨌든, 나는 그 사람을 우연히 만나리라고는 전혀 기대하지 못했고, 그를 알아보고 나서는 그 사람과 눈을 마주치지 않으려고 애썼다. 그쪽이 나를 알아보지 못하거나 양쪽이 서로 어색한 만남이 일어나지 않도록 암묵적으로 동의하기를 기대하면서 말이다.

잠시 후에 정말 이상한 일이 벌어졌다. 이 사람이 나를 쳐다보았을 뿐 아니라, 자리에서 일어나 내 쪽으로 다가오더니 인사를 건넸다. 그는 내가 누구인지 잘 알고 있었고, 매우 정중하게 인사하더니 반갑다고 말했다. 이 시점에서 나의 환대 본능이 제대로 작동했고, 나는 미소를 지어 보이며 안부를 물었다. 우리는 함께 아는 친구들 소식과 그날 있었던 일을 잠시 나누었다. 아무도 우리가 주고받은 (논쟁적인) 트윗 이야기는 꺼내지 않았고, "차단해서 미안합니다."라거나 "우리가 다툰 내용에 대해 이야기할 수 있을까요?"라는 말도 없었다. 그런 일은 아예 없었던 것만 같았다.

그 일 후에 얼마 안 있어, 이 사람을 잘 아는 다른 친구에게 이 이야기를 했다. 그 친구는 놀라거나 혼란스러워하는 기색 없이 그저 웃기만 했다. "그 사람이 원래 그래. 온라인상의 모습과 직접 만났을 때 모습이 완전히 다르거든." 나중에 호기심을 주체할 수 없었던 나는, 이 사람이 우리의 만남에 대해 뭐라도 쓰지 않았을까 보려고 이 사람의 트위터 페이지에 다시 들어가 봤다. 하지만 나는 여전히 차단된 상태였다.

친구들이나 다른 사람들과 인터넷 시대의 삶에 대해 이야기할 때면 이런 종류의 이야기를 흔히 들을 수 있다. 대부분의 사람이 화면상의 만남으로 스트레스를 받거나 그로 인해 관계가 깨진 경험이 있는 듯하다. 디지털 영역이 이런 뜻밖의 대립을 만들어 내는 듯한 느낌이다. 자녀 교육과 관련하여 악의 없는 논평이나 권유를 담은 페이스북 게시물이 감정적 논쟁으로 이어진다. 농담으로 시작한 밈이나 사진이 과열된 반응을 불러일으킨다. 온라인에서 어떤 논란이 있다는 사실을 채 깨닫기도 전에 당신이 그 논란의 한복판에 있는 경우가 비일비재하다. 인터넷은 어디든 논란이 분분한 곳이다.

이런 논쟁이 벌어지면 얼마나 유익이 있는가? 인터넷에 대한 낭만적인 시각이 보통 사람들이 모여 수수께끼 같은 신비를 해결하고 생각을 교환하는 거대한 아레오파고스라고 한다면, 웹의 현실은 검투장과 더 흡사하다.

정보의 민주화로 수십 년 전만 해도 접근할 수 없었던 엄청난 정보와 논의에 모든 사람이 다가갈 수 있게 되었음에도 불구하고, 온라인에서 오가는 대화는 우리를 지적 참호 속으로 더 깊숙이 밀어 넣는 것만 같다. 온라인 토론은 사람들을 설득하기보다는, 자신이 옳고 상대는 끔찍하다는 확신만 더 심어 준다. 게다가, 우리의 디지털 대화는 종종 시작부터 막혀 버린다. "내 주장을 뒷받침하는 근거는 이겁니다."라고 말하면 상대는 양보하거나 조심스럽게 비평하는 것이 아니라, "아, 그래요? '내' 주장을 뒷받침하는 '내' 근거는 이렇습니다."라고 되받아친다.

허위 정보 같은 것들이 요즘 웹에서 확실히 큰 문제이기는 하지만, 대다수 소셜 미디어처럼 뜨겁고 평평한 공간에서는 잘못된 정보의 양보다도 단순히 정보의 양 자체가 얼마나 어마어마한지가 더 두드러진다. 어느 기술 평론가의 표현처럼, "온라인에서 논쟁하는 사람들이 서로 다른 두 세계에 살고 있는 듯 느껴진다면, 그들이 정말 그렇게 살고 있기 때문이다."

하지만 중요한 점은, 대다수 우리는 스크린에서 보는 끔찍한 장면과 오프라인에서 경험하는 세계가 다르다는 것을 알아차릴 수밖에 없다는 것이다. 나를 차단하고 나서 아무렇지도 않게 안부 인사를 건네는 사람은 생각보다 흔히 만날 수 있다. 사실, 굉장히 흔한 이야기다.

우리는 모두 전혀 다른 두 우주에 살고 있는 것 같다. 거기서는 우리의 대화, 토론, 생각까지도 저녁 식탁에서 화면으로 넘어 가면서 근본적인 변화를 겪는다. 디지털 세계는 우리의 가면만 벗겨내서 방해물을 없애고 진면목을 드러내는 것이 아니다. 우리를 전혀 다른 존재로 바꾸어 놓는 데 일조한다. 간단히 말해서, 우리 일상을 지배하는 컴퓨터 알고리즘처럼 생각하기 시작한 것과 같다. 그러면서 우리는 생각하는 법을 잊어버렸다.

의미와 매체

웹이 인간의 사고를 바꾸어 놓는 방법과 이유를 알기 위해서는 온라인에서 사고가 어떻게 이루어지는지를 살펴보아야 한다.

니콜라스 카는 읽기의 역사에 대해 굉장히 흥미로운 관점을 제시한다. 그는 책이 전 세계적인 매체로 등장한 것은 인식론적 혁명이었는데, 그 이유는 특히나 책이 개인적이고 집중적인 사고와 성찰의 힘을 요구했(고 개발했)기 때문이라고 주장한다. 그는 "물론 많은 사람은 책이나 심지어 알파벳이 등장하기 훨씬 이전부터 지속적인 집중력을 키워 왔다. 사냥꾼, 장인, 수도사 등은 모두 관심을 통제하고 집중할 수 있도록 뇌를 훈련시켜야 했다."라고 쓴다.[1]

독서의 놀라운 점은 깊은 집중과, 매우 활동적이고 효율적인 문서 해독과 의미 해석이 결합했다는 점이다. 인쇄된 면을 읽어 나가는 행위는 독자가 저자의 글에서 지식을 얻는 데 가치가 있을 뿐 아니라 그 글이 독자의 마음속에서 지적 진동을 일으키는 방식에도 가치가 있다. 고요한 공간에서 오랜 시간 집중해서 책을 읽으면서 사람들은 스스로 연상 작용을 하고, 추론과 유추를 끌어오며, 자기만의 생각을 발전시켰다. 사람들은 깊이 읽을수록 더 깊이 생각했다.[2]

카는 구텐베르크의 인쇄술이 커뮤니케이션 역사에서뿐 아니라 사상사에서도 분수령이었다고 지적한다. 인쇄 기술 덕분에 온 세상이 개인의 직선적이고 유추적인 독서 경험에 접근할 수 있게 되었으며, 그 결과 문화적 사고가 심화되었다. 카는 "책이 지식과 통찰력을 교환하는 주된 수단이 되면서 그 지적 윤리는 문화의 기반이 되었다."라고 말한다.[3] 다시 말해, 인쇄된 지면이 생각을 표현하고 나누는 통상적인 수단이 되면서 책이 사람들의 생각을 형성하게 되었다.

닐 포스트먼도 카의 이런 판단에 동의한다. 포스트먼은 독서로 형성된 지성을 가리켜 '인쇄적 사고'(typographic mind)라고 한다. 포스트먼은 책이 지배한 현대 역사에서 두드러지는 부분은 진정한 사고를 표현하는 능력이 커진 것이라고 주장한다.

> 언어가 주요 의사소통 수단일 때(특히 인쇄 매체의 엄격한 형식으로 통제되는 언어일 때) 어떤 개념, 사실, 주장은 피할 수 없는 결과다. 그 개념이 진부할 수도, 그 사실이 무의미할 수도, 그 주장이 거짓일 수도 있지만, 언어가 사고를 이끄는 도구가 되는 한, 의미에서 벗어날 수 없다. 때때로 무의미한 말을 할 수도 있지만, 영어 문장으로 무언가를 쓴다면 아무것도 말하지 않기란 매우 어렵다. 설명의 목적이 달리 무엇인가? 언어는 의미를 전달하는 것 외에는 거의 쓸모가 없다.[4]

포스트먼에 따르면, 인쇄된 언어로 의사소통하는 문화는 의미의 문화다. 그 의미는 틀릴 수도 있다. 불합리할 수도 있다. 하지만 어쨌거나 의미는 의미다. 이해할 수 있고 전달할 수 있으며 평가할 수 있는 의미다. 의미는 표현에 형식을 부여할 뿐 아니라 경계를 설정하기도 한다. 이 장의 내용 일부가 순전히 횡설수설인지 아닌지 알 수 있는 유일한 방법은 유의미한 언어가 실제로 어떤 모습인지 아는 것이다. 인쇄적 사고는 특정한 방식으로 생각하며, 그 특정한 방식이 우리 사회, 특히 서로 충돌하는 생각과 신념을 판단하는 방법의 토대다.[5]

포스트먼이 보기에, 20세기 들어 시각 매체, 특히 텔레비전의 장악 현상은 특정한 새로운 사고방식을 불러왔다. 포스트먼은 텔레비전 때문에 사람들이 책을 읽지 않는다는 점이 아니라, 텔레비전이 사소한 방식으로 세상을 '재연출'한다는 점을 가장 우려했다. 다시 말해, 텔레비전에 푹 빠진 현대인은 자신과 타인, 세상을 어떻게 생각해야 하는지를 다시 배우고 있었다. 그 결과로 피상성과 얄팍한 자극이 지배하는 사고 형태를 낳았다. "하지만 내가 여기서 주장하는 바는 텔레비전이 재미있다는 것이 아니라, 그것이 엔터테인먼트 자체를 모든 경험을 표현하는 자연스러운 형식으로 만들었다는 것이다."[6]

포스트먼이 이렇게 비판하는 주요 대상은 텔레비전 뉴스였다. 뉴스는 (빠른 화면 전환, 경쾌한 음악, 진행자의 '농담'을 통해) 생사의 문제에까지 아무 생각 없는 엔터테인먼트 형식을 부과했다. 텔레비전이 공적 담론에 가져온 이 형식은 그저 일일 뉴스 헤드라인을 더 가볍게 만든 것만이 아니다. 텔레비전은 대중이 세상을 바라보는 태도 자체를 재조정했다. 곧 사람들은 점점 진지함을 기피하고, 가볍고 자극적인 정보만을 좇게 되었다. 텔레비전이 세상을 연출하는 방식에 집중된 사고는 텔레비전처럼 느껴지는 세상을 창조하기 시작했다.

결국, 이렇게 이야기는 다시 웹으로 돌아온다. 포스트먼이 텔레비전 매체의 법칙이 텔레비전 사회의 말하는 방식을 바꾸어 놓았다고 주장했듯이, 니콜라스 카는 마찬가지로 인터넷과 디지털 매체의 법칙이 인터넷 사회의 사고방식을 바꾸고 있다고 주장한다. 이미 3장에서 이런 영향을 일부 살펴보았지만, 그것을 온라인에서 볼 수 있는 더 광범위한 사고의 붕괴까지 연결하지는 않았다.

카는 책이나 다른 인쇄 매체를 읽을 때 사용하는 사고방식과 온라인에서 글을 읽을 때 사용하는 사고방식이 질적으로 다르다고 주장한다. 텔레비전이 가볍고 즐기는 생각을 유도하는 특정한 규칙이 있듯이, 웹 역시 산만하고 주의를 분산되게 만드는 특정한 규칙이 있다. 그러나 웹에는 여유 있고 신중한 반성을 멀리하고 좀비처럼 계속해서 신경적 보상을 추구하게 만드는 규칙도 있다.

> 인터넷은 또한 물리적·정신적 행동의 반복을 권장하고, 반응과 보상을 전달하는 초고속 시스템 즉 심리학 용어로는 '긍정적 강화'(positive reinforcement)라는 시스템을 제공한다. 링크를 클릭할 때 우리는 새로운 볼거리와 평가 대상을 얻는다. 구글에서 키워드를 검색하면 눈 깜짝할 사이 흥미로운 정보 목록을 얻을 수 있다. 문자나 메신저 메시지 또는 이메일을 보내면 종종 수 초 또는 수 분

내로 답을 얻는다. 페이스북을 사용하여 새로운 친구를 만들고 오래된 친구들과 더 친밀한 관계를 형성하기도 한다. 트위터를 통해 메시지를 보낼 때 우리는 새로운 팔로워들을 얻는다. 블로그에 글을 올리면 독자들의 댓글을 얻거나 또는 다른 블로거들이 내 글을 링크한다.[7]

여기서 카는 굉장히 중요한 점을 언급한다. 오프라인 세계의 독서와 성찰 경험은 이런 다른 종류의 경험과는 분리되어 있는 경우가 많다. 책을 볼 때 우리가 책을 읽고 있다는 사실을 친구들이 자동으로 알 수는 없다. 특정한 주제에 대해 깊이 생각할 때 새로운 알림이 떠서 도파민이 분비되는 것은 아니다. 아날로그 세계에서 우리의 지적·사회적 경험이 함께 작용하기는 하지만, 서로 '묶여' 있지는 않다. 이 분리는 지혜를 개발하는 데 매우 중요한데, 현명하지 못하거나 빈약한 사고에는 언제나 사회적 요인이 있기 때문이다.

믿는 것과 소속감

루이스(C. S. Lewis)가 쓴 『스크루테이프의 편지』(The Screwtape Letter) 서두에서, 악마 스크루테이프는 조카이자 제자 웜우드에게 사람들(악마의 '환자들')이 기독교('원수')의 주장을 진지하게 생각하지 않게 만들 방법을 조언한다. 스크루테이프는 웜우드에게 환자가 종교에 대해 합리적으로 생각하지 못하게 하고, 대신 종교가 그가 진실이었으면 하는 종류의 것인지 아닌지에만 집중하도록 유도해야 한다고 권한다.

> 네가 맡은 환자만 해도 어려서부터 수십 가지 상충되는 철학들이 한꺼번에 머릿속에서 난장판을 벌이는 데 익숙해져 있는 게야. 그래서 어떤 교리를 보아도 '참'이냐 '거짓'이냐를 먼저 따지기보다는 '학문적'이냐 '실용적'이냐, '케케묵은' 것이냐 '새로운' 것이냐, '인습적'인 것이냐 '과감한' 것이냐를 따지게 되어 있지. 그러니까 환자를 교회에서 멀리 떼어 놓기에 가장 좋은 협력자는 논증이 아니라 전문 용어란 말이다. 유물론을 '진리'로 믿게 만들려고 쓸데없이 시간을 낭비하지 말거라! 그보다는 유물론이야말로 힘차고 단호하면서도 용맹스러운 미래의 철학이라고 믿게 만들어야 해. 네 환자는 그런 데 더 신경을 많이 쓰는 족속이니까. 그렇지 않고 논증을 동원할 경우 우리의 투쟁 전체가 오히려 원수의 확고한 기반이 되어 버린다는 문제가 발생한다.[8]

루이스는 진심으로 열렬히 진리를 추구하는 것과 전문 용어로 사고하는 것은 다르다고 제대로 믿었다. 특정 종류의 사람으로 비치고 싶은 욕구가 진짜를 알고자 하는 욕구를 넘어설 때 전문 용어가 발생한다. 사실과 궁극적 실재에 대한 탐색이 인정에 대한 갈망으로 바뀔 때 전문 용어가 발생한다. 전문 용어로 생각한다는 것은 "이게 진실인가?"라고 묻는 대신 "이 사실을 믿으면 남들에게 어떻게 보일까?"라고 묻는 것이다.

다른 사람에게서 사랑과 존중을 바라는 마음은 지극히 정상적이고 건강한 것이다. 우리가 진실을 추구하는 것에는 분명 사회적 요소가 존재한다. 그래서 성경 여러 곳에서는 복음이 하나 되게 하고 성령님의 역사로 함께 지어진 영적 공동체를 묘사하고 거기 소속되라고 명령한다. 하지만 공동체가 함께 진선미를 추구하는 것과 그 생각을 군중에게 위탁하는 것은 현격한 차이가 있다. 전자는 꾸준하고 일관적이며 겸손한 사상가들을 낳고, 다른 사람들도 그 여정에 함께하기를 간절히 바란다. 후자는 변덕스럽고 모순되며 자만한, 전문 용어만 남발하는 사람들을 낳는다. 이들은 내집단의 일원이라는 특별한 지위에 지나치게 의존하기 때문에 실제로는 다른 사람들의 동의를 바라지 않는다. 깨우친 사람이라는 지위를 유지해야만 하기 때문이다.

소셜 미디어에 잠시만 접속해 보면 건전한 사고와 전문 영어로 도배한 사회적 가식이 충돌하는 생중계를 볼 수 있다. 개인이나 집단 간의 충돌을 말하는 것이 아니다. 내가 말하는 것은 우리 모두의 내면에서 벌어지는 충돌이다.

어느 소셜 미디어에서든지 우리는 주기적으로 지적·정서적 피로를 경험한다. 이 사람의 잘못된 게시물에 반응해야 할까? 내 피드에서 사람들이 주고받는 이 논쟁에 개입해야 할까? 내가 받은 이 글이나 영상이나 밈을 어떻게 처리해야 할까? 겉으로는 무해한 듯 보이는 글조차도 잠재적인 지뢰밭이 될 수 있다. 온라인에서 사람들에게 분노를 일으키고 싶다면 정치 이야기나 종교 이야기를 하면 된다. 사람들을 불같이 화내게 만들고 싶다면 자녀 양육 이야기가 딱이다.

내가 말하려는 요점은 온라인 사고가 아주 위험한 이유가 있다는 것이다. 인터넷은 진정한 지혜를 어렵고도 매력 없게 만드는 인식론적 서식지다. 웹은 우리가 자동적인 판단, 정서주의, 오류에 빠지기 쉽게 만드는데, 이는 우연이 아니다. 소셜 인터넷은 우리가 끝없이 스크롤하고 게시물을 올리고 즐기도록 하는 한 가지 목적을 위해 설계되었다.

분노, 좌절, 다툼 같은 부정적인 감정과 소셜 미디어의 상관관계는 석탄과 증기 기관차의 관계와 같다. 구글의 전직 엔지니어이자 소셜 미디어가 문화에 미치는 영향을 강하게 비판하는 트리스탄 해리스(Tristan Harris)는 한 인터뷰에서 흥미로운 사실을 밝힌다. 그는 이러한 알고리즘이 특정한 감정을 사용자에게 압도적으로 불러일으키도록 설계되었다고 설명한다.

격분은 다른 모든 감정보다 훨씬 더 급속하게 퍼집니다.
파란색 페이스북 아이콘을 클릭하면 AI가 활성화되어 당신을 가장 몰입하게 만들 수 있는 최적의 콘텐츠를 찾아 보여 주려 합니다. 이 AI는 어떻게 하면 가장 많이 클릭하게 만들지를 알아내는 것 외에는 아무런 지능이 없습니다. 화를 돋우는 콘텐츠가 가장 많은 조회수로 이어지기 때문에 그것을 맨 위에 보여 줍니다.
그러고 나서 AI는 어떤 마법의 키워드가 있다는 사실을 학습합니다. 그 키워드를 어떤 기사 맨 위에 배치하면 사람들이 항상 클릭하거나 공유한다는 것입니다. 그 키워드는 바로 '트럼프'였습니다. 여러분이 순진한 컴퓨터라면, 그저 이 키워드를 사람들에게 제시하기만 하면 그들은 항상 클릭할 것입니다. 그렇게 해서 이 키워드를 피드 최상단에 배치해야 한다는 것을 계속 강화하게 됩니다.[9]

해리스는 계속해서 이렇게 묻는다. "여러분을 격분하게 만드는 것을 반복해서 보게 되면 어떤 영향을 받습니까?"

여러분은 그 영향을 느낄 수 있습니다. 저는 그것을 문명인의 마음 통제처럼 생각합니다. 고의적으로 우리를 격분하게 하는 누군가가 있다는 말이 아닙니다. 아침에 눈을 뜨는 순간부터 20억 명이 소셜 네트워크에 접속합니다. 여러분이 십대라면 나만 빼놓고 친구들끼리 어울리는 사진이 주르륵 올라와 있습니다. 그것은 모든 인간 동물에게 어떤 영향을 미치기 마련입니다. 여러분이 눈 뜨자마자 가장 먼저 하는 일이 트위터를 살피는 것이라면, 거기에도 격분할 내용이 가득하고, 그것은 여러분에게 동물적인 차원에서 어떤 영향을 줄 것입니다. 저는 이것이 여러분에게 심오한 차원에서 어떤 영향을 미치고 있는지 반드시 알아야 한다고 생각합니다.[10]

해리스의 통찰은 충격적이면서도 통찰력이 있다. 하지만 대다수 문화 비평가들처럼 해리스도 건강한 사고의 진정한 기준을 표현하지는 않는다. 해리스는 빅 테크가 인간의 행위를 조종하는 것을 염려하지만, 그에 맞서는 진정한 도덕적 사례를 제시하는 데까지는 미치지 못한다. 웹이라는 인식론적 서식지를 살피는 여러 최신 저서도 대안을 제시하지 못하기는 마찬가지다. '잘못된 정보'에 대한 우려와 분노 문화, 양극화만을 지적할 뿐, 진정한 지혜는 어떤 것인지, 더 진정하고 인간적이며 정의로운 대안적 사고방식을 내놓지 못하는 경우가 많다.[11]

기독교적 사고의 세 가지 특징

기독교적 사고는 뭔가 잘못되었다는 것을 아는 것만으로는 충분하지 않다. 기독교의 지혜는 순전한 비판만을 위한 무미건조한 태도가 아니다. 오히려 복음이 형성하고 성령님이 능력을 주신, 영적 실재를 반영한 지적 습관이다. 당면한 모든 신학적·사회적·개인적 문제에 대해 그리스도인이 어떻게 생각해야 하는지를 논하는 것은 저자인 내 능력(과 이 책의 제한된 지면)을 넘어서는 일이다. 따라서 "그리스도인이 ~에 대해 알아야 할 것들"이라는 주제 대신에, 기독교적 사고의 독특한 세 가지 특징을 살펴보면서 이 장을 마무리하려 한다.

그에 앞서, 두 가지를 당부하고 싶다. 첫째, 이 특징은 하나님이 어떤 분이시고, 그 백성이 어떻게 생각하기를 원하시는지를 말씀하는 성경 계시에 뿌리를 두고 있다. 그러나 이런 것들이 다른 사람들과 논쟁하는 그리스도인들을 더 설득력 있게 만들기 위한 '전략'은 아니다.

특히 기술과 소셜 미디어 같은 주제와 관련해서는, 기독교의 지혜를 신자들이 문화 전쟁을 넘어서도록 돕는 유용한 '중도'(middle way)로 생각하기 쉽다. 그런 것이 바람직한지조차 의문이지만, 그것이 환상에 지나지 않는다는 것은 확실하다. 기독교적이고 건강한 생각이 얼마든지 무시당하고 거부당하고 박해를 당할 수도 있다. 예수님이 그렇다고 말씀하셨기 때문이다(요 16:2).

우리가 그리스도인으로서 올바르게 생각하려 하는 이유는, 그것이 우리를 진리로 인도해 주리라 믿기 때문이다. 루이스가 지적했듯이, "기독교가 사실이 아니라면, 아무리 도움이 된다 해도 정직한 사람은 그것을 믿으려 하지 않을 것이다. 반대로 기독교가 사실이라면, 전혀 도움이 되지 않는다 해도 정직한 사람이라면 모두 그것을 믿으려 할 것이다."[12]

둘째, 이 특징들을 남에게 적용하지 말고 함께 실천해야 한다. 이 특징 중에 어느 하나를 취해서 나머지 모든 사람을 지배하는 기준으로 삼아서는 안 된다는 뜻이다. 그리스도인의 사고는 신중하지만, 깊은 공동체를 피할 정도로 신중하지는 않다. 그리스도인의 사고는 차분하지만, 그 차분함을 담대하게 진리를 말하지 않는 변명으로 사용하지는 않는다. 그리스도인들이 위험에 빠지는 이유는 대부분 우리가 (자신도 모르게) 한 진리를 또 다른 진리와 겨루려 하기 때문이다.

그러니 이제 이 당부를 염두에 두고, 진정한 기독교적 사고의 세 가지 특징이 무엇인지 살펴보자.

1. 기독교적 사고는 신중하다.

디지털 사고의 한 가지 특징이 직감에 의존하고 성급한 판단을 내리는 것이라고 앞서 살펴보았다. 기독교적 사고는 다르다. 성급한 결론을 내리기보다 이야기의 나머지 반도 들어보려 한다. "송사에서는 먼저 온 사람의 말이 바른 것 같으나 그의 상대자가 와서 밝히느니라"(잠 18:17). 남들보다 먼저 선수를 쳐서 빨리 의견을 퍼뜨려야 성공할 수 있는 웹의 에토스와는 달리, 진정한 통찰은 신중한 절제로만 가능하다. "너는 하나님 앞에서 함부로 입을 열지 말며 급한 마음으로 말을 내지 말라 하나님은 하늘에 계시고 너는 땅에 있음이니라 그런즉 마땅히 말을 적게 할 것이라"(전 5:2).

그리스도인의 신중함은 소심함이나 혼란에서 나오지 않는다. 오히려 타락의 강력한 지적 영향과 함께 세상과 육신과 마귀의 현실 왜곡 능력을 깊이 인식하는 데서 비롯된다. 외양으로 판단하는 것은 우리가 이미 사실로 믿는 것을 확인할 때 유용할지 몰라도, 하나님은 세상을 그렇게 보시지 않는다(삼상 16:7).

(특히 온라인에서) 신중한 기독교적 사고에 대한 가장 큰 도전은 분노다. 분노는 강력한 인식론적 안개다. 잘못된 견해를 지닌 이들에 대한 분노, 우리를 공격하는 이들에 대한 분노, 때로는 그저 우리와 일하는 방식이 다른 이들에 대한 분노가 기독교적 사고를 망가뜨린다. 성경이 분노에 대해 여러 차례 경고하는 것도 당연하다. "분을 그치고 노를 버리며"(시 37:8). 우리에게서 분노를 끌어내어 주의를 끌려는 소셜 미디어 알고리즘 설계는 우리에게 닥친 윤리적 위기나 다름이 없다.

때로는 정의로운 분노도 있으며 예수님도 친히 분노하셨다고 지적하는 사람들은 핵심을 놓치고 있다. 하나님 백성에게 압도적으로 일반적인 규범은 분노에 저항하는 것이다. "내 사랑하는 형제들아 너희가 알지니 사람마다 듣기는 속히 하고 말하기는 더디 하며 성내기도 더디 하라 사람이 성내는 것이 하나님의 의를 이루지 못함이라"(약 1:19-20). 거룩한 분노가 필요한 때와 장소도 있지만, 소셜 미디어에 잠식된 우리 시대에는 혈기 왕성한 열정이 필요한 한 사람보다 무의미하고 무자비하며 구속적이지 않은 분노의 정서적·영적 압박 속에서 서서히 타들어 가는 사람이 아마도 백 배는 더 많을 것이다.

분노의 영적인 내용을 고려하고, 분노와 어리석고 비현실적인 사고의 연관성을 고려한다면, 그리스도인들이 공공 광장에서 할 수 있는 가장 중요한 일은 예수님의 주권에 대한 침착한 확신을 드러내는 방식으로 살고, 말하고, 글을 올리는 것이다. 의로운 사람은 분노할 수 있다. 그러나 분노한 사람은 의롭기가 쉽지 않다.

하나님 말씀의 능력과 진실성을 더 확신할수록 우리는 자신의 신념과 가치관이 도전받을 때 덜 불안할 것이다. 땅의 시민권만 가진 사람들에게 모든 논쟁과 도전, 토론은 그들의 정체성과 안정감에 대한 잠재적인 위협이다. 그러나 하늘 시민은 얼마든지 차분하고 고요하며 신중하게 반성할 수 있는데, 하나님이 그들의 운명을 인 치셨음을 알기 때문이다.

2. 기독교적 사고는 진실하다.

"에계…." 하고 생각하는 사람이 있을지도 모르겠다. 기독교적 사고가 진리를 중시한다는 것은 그다지 놀랍지 않은 말이다. 그런데 특히 디지털 시대에는, 기독교의 진리 추구를 약화하는 방식이 덜 분명하게 드러난다. 진정한 기독교적 사고가 진실하다는 말은 그리 과격하게 들리지 않지만, 웹 세상에서 이를 실천에 옮기려면 철저한 훈련이 필요하다.

앞서, 인터넷이 명료하고 정확한 사고에 미치는 고유한 도전 중에 하나가 사회적인 것과 지적인 것을 하나로 묶는 방식이라고 살펴보았다. 웹은 인간 사고의 범주를 하나의 평평한 매체로 '무너뜨려서' 깊이 있는 개인의 성찰을 방해하고, 알림과 '좋아요' 버튼의 신경적 보상을 바라게 만든다. 흥미롭게도, 예수님과 일부 유대인의 만남이 매우 흡사한 주제를 보여 준다. 요한복음 5장에서 예수님은 40년 가까이 걷지 못한 한 사내에게 놀라운 기적을 베푸신다. 말씀만으로, 질병과 근위축증에 시달린 수십 년 세월을 뒤집으셨고, 지척에 있는 못에도 기어갈 수 없었던 사람이 자기 침상을 들고 걷게 하셨다.

하나님의 능력과 자비로운 긍휼을 드러낸 이 놀라운 기적을 보고 예수님의 발 앞에 엎드리는 것이 타당한 반응일 것이다. 하지만 이 유대인들은 합리적으로 생각하지 못한다. 예수님을 따르고 그분께 경배하기는커녕, 그분을 죽이려고 한다(18절). 예수님이 스스로 하나님과 같다고 주장하시고, 안식일에 사람을 고치셔서 그들의 관습을 깨뜨리셨기 때문이다. 이어지는 말씀에서 예수님은 그분을 비난한 이들의 동기에 대해 놀랍고도 중요한 통찰을 보여 주신다.

> "나는 내 아버지의 이름으로 왔으매 너희가 영접하지 아니하나 만일 다른 사람이 자기 이름으로 오면 영접하리라 너희가 서로 영광을 취하고 유일하신 하나님께로부터 오는 영광은 구하지 아니하니 어찌 나를 믿을 수 있느냐"(요 5:43-44).

예수님은 이들의 불신을 그분의 영향력에 대한 질투, 그분의 능력에 대한 분노, 혹은 단순한 무지 탓으로 돌리실 수도 있었다. 그 대신, 그리스도는 그들이 믿음으로 나아오지 못한 것은 서로 영광을 취했기 때문이라고 말씀하신다. 다시 말해, 이들이 서로 긍정하고 치켜세우느라 예수님이 정말로 어떤 분이신지 보지 못한 것이다.

서로 영광을 취하는 것은 현실을 심각하게 왜곡하는데, 소셜 미디어 시대에 이는 진실한 기독교적 사고를 위협하는 중대한 요인이다. 생각하는 행위와 주목받거나 인정받거나 공유되는 행위를 분리할 수 없을 때 '그런 것들을 위해' 생각하게 될 위험이 언제나 도사리고 있다.

그래서 우리는 최신 논란에 무조건 한마디라도 끼어야 한다는 압박을 느낀다. 글을 게시하고 나서는 우리 의견을 지지해 주는 동시에, 더 많은 인정 대한 갈망을 강화시키는 알림 소리를 간절히 기다린다. 이는 우리가 이런저런 주장이 정말로 사실이거나 입증 가능한지를 묻기보다는 어떤 사람들('우리' 편)이 그 주장을 믿는지를 묻는 방식에서 잘 드러난다. 이는 어떤 사람이 과거에 우리에게 반대하는 입장이었기 때문에 이 새로운 주제와 관련해서도 신빙성이 떨어진다고 우리가 전제하는 방식에서 잘 드러난다. 예수님이 말씀하신 유대인들은 그들의 에고(ego)로 생각하고 있었고, 그들의 에고는 진실을 외면하기 원했다.

루이스는 1944년의 한 강연에서 강의실을 가득 채운 젊은이들에게 만족할 줄 모르는 소속감의 지적·윤리적 위험에 대해 경고했다. 내 생각에, "내부패거리"(The Inner Ring)는 가장 통찰력 있는 루이스의 최고 작품이다.

'소셜 미디어'라는 단어가 출현하기 무려 60년 전에, 루이스는 사회적 승인에 대한 욕구가 믿음을 주도하게 만드는 것의 위험에 대해 설명했다. "지난 삶을 돌이켜 볼 때, 여러분은 보이지 않는 선의 안쪽에 서고 싶은 마음 때문에 어떤 행동이나 말을 한 적이 있습니까? 그리고 한밤중에 잠시 깨었을 때 그 사건을 되돌아보고 흐뭇함을 느낀 적이 있습니까? 만약 그렇다면, 여러분은 대부분의 사람들보다 운이 좋은 편입니다." 그는 계속해서 이렇게 말한다.

> 이 강연의 주된 목적은 이 욕구가 인간 행동의 크고 지속적인 주요 동기 중 하나임을 여러분에게 알리는 것입니다. 이것은 갈등, 경쟁, 혼란, 뇌물 수수, 실망, 광고가 뒤범벅이 된, 이 세상을 구성하는 요소 중 하나입니다. 그리고 이것이 지속적으로 나타나는 행동

의 주요 동기 중 하나라면 다음의 사실을 확신해도 좋습니다. 여러분이 이 욕구를 방지하기 위해 조치를 취하지 않으면, 이것은 여러분이 직업인으로 첫발을 내딛는 날부터 나이가 많이 들어 아무것도 개의치 않게 되는 날까지 삶의 주된 동기로 작동할 것입니다… 여러분이 이 욕구에 대항해 아무것도 하지 않고 그냥 흘러가는 대로 떠내려가면, 여러분은 '내부패거리주의자'가 될 것입니다. 이 말은 여러분이 성공적인 내부패거리주의자가 될 거라는 뜻이 아닙니다. 그럴 수도 있고 아닐 수도 있습니다. 그러나 결코 들어갈 수 없는 패거리들 바깥에서 한탄하며 기웃거리든, 의기양양하게 그들 속으로 점점 깊숙이 들어가든, 여러분은 내부패거리에 목매는 사람이 될 것입니다.[13]

루이스는 이렇게 결론을 맺는다. "내부패거리에 들고 싶은 열정은 아직 그다지 나쁘지 않은 사람을 그 어떤 열정보다 능숙하게 조종해 아주 나쁜 일들을 하게 만듭니다."[14] 여기에 한 가지를 덧붙이자면, 그것은 아직 나쁜 사고방식에 물들지 않은 사람을 나쁜 사고방식으로 이끄는 데 가장 능숙하다는 것이다.

기독교적 사고에 헌신하는 것은 어떤 가치나 관점을 공유하는 집단을 갖는 일을 전적으로 거부하는 것이 아니다(잠시 후에 살펴볼 것이다.). 그러나 자신이 속한 집단을 맹목적으로 숭배하는 태도는 거부한다. 사람들이 어떤 문제에 대해 나와 같은 확신을 공유한다고 해서 그들이 다른 모든 문제에 대해서도 옳은 것은 아니다. 그 반대도 마찬가지다. 중요한 문제들에 대해 우리와 첨예하게 의견을 달리하는 사람들이 말하는 것도 진실일 수 있다. 오히려 그 말을 한 사람 때문에 그 진실에 귀 기울이지 않을 때 우리는 도덕적으로 실패하게 된다. 바울이 베드로 사도가 이방인들에게서 물러난 것이 옳지 않다고 생각했듯이(갈 2:11), 르호보암이 원로들의 말을 무비판적으로 수용하여 이스라엘 왕국을 파괴했듯이(왕상 12장), 우리는 친구와 적이 우리가 믿는 바를 결정하도록 허용하지 않을 의무가 있다.

좋아요와 공유는 진실성의 척도가 아니다. 하나님의 말씀에 합하는 것이 진리다. 한 사람의 정치적 입장이나 신학적 소속이 그가 진실을 말할 수 있는 능력을 보장하지 않는다. 우리는 중요한 세계관의 구별을 유지하면서도, 하나님이 우리가 진실한 것을 생각하기를 원하신다고 믿을 수 있다. 심지어 우리 부족에 도전하거나 우리의 전제를 재검토하게 하는 것일지라도 말이다.

3. 기독교적 사고는 공동체적이다.

'내부패거리'가 인터넷 시대의 한 측면에 대한 위협이라면, 다른 한 측면에 대한 위협은 '고립된 개인주의'(lone-rangerism)라고 할 수 있다. 웹의 비물질성은 우리의 현실 인식을 심각하게 왜곡한다. 화면 앞에 고립된 우리는 점점 더 자신에게 매몰된다. 어떤 의미에서 웹의 이런 영향은 다른 모든 것을 악화한다. 혼자 남겨 두면, 우리는 분노와 염려가 언제 우리 지혜를 가리는지 알아차리지 못한다. 혼자 남겨 두면, 우리는 스스로 생각 없는 당파심으로 빠져드는 것을 보지 못한다.

성경은 우리가 지혜롭고 그리스도인답게 생각하려고 애쓰면서 어려워하는 것을 잘 안다. 하나님은 우리가 풀 같은 존재임을 아신다. 그래서 성경은 그리스도인들을 마음을 형성하는 지역 교회로 안내한다. 거기서 우리는 전례의 힘과 그 백성 가운데 임재하시는 그리스도의 영을 통해서 더욱 예수님의 형상을 닮은 존재로 빚어진다.

얼마 전에 온라인에서, '예의'(civility)가 정말로 우리가 추구해야 할 미덕인지에 대한 논의를 읽었다. 불의가 담론 규범 뒤에 어떻게 숨겨져 있는지에 대한 통찰력 있는 질문도 있었지만, 나는 그 대화를 빠져나오면서 이것이 매우 인터넷에 해당하는 내용이라는 확신을 갖게 되었다.

컴퓨터에서 '예의'는 정보를 얻고 어쩌면 폐기할 수 있는 단순한 추상 관념, 철학 원리다. 그러나 오프라인 곧 직장, 가정, 교회, 이웃 같은 물질세계에서 '예의'란 다른 사람들과 함께 살기 위해 필요한 것이다. 오프라인에서 남의 집 문을 열고 거실에 들어가 상대에게 소리를 지르기 시작하면 체포될 수도 있는데, 당신을 안됐다고 생각하는 사람은 거의 없을 것이다. 그러나 인터넷에서는 별다른 이유 없이도 전혀 모르는 사람과 논쟁하는 것이 보통이다. 사실, 사람들은 그것을 당연히 여길 정도다. 웹의 비물질성이 어떻게 근본적으로 선과 정상에 대한 우리 감각을 재형성했는지는 아무리 강조해도 지나치지 않다.

  기독교적 사고는 몸을 지닌 공동체를 추구한다. 몸을 지닌 사람들, 표정을 살필 수 있는 얼굴이 있고, 감정을 들을 수 있는 목소리가 있으며, 정서적으로 구체적인 장소와 구체적인 순간을 떠올리게 해 주는 말을 하는 사람들 앞에서 우리는 서로 존경하고 서로 섬기며 서로 아끼고 서로 사랑하며 서로 책망하고 서로 죄를 고백하고 서로를 위해 기도하라는 성경 말씀의 의미를 떠올린다. 픽셀은 하나님의 형상대로 창조되지 않았다. 사람은 하나님의 형상대로 창조되었다. 다른 사람과 함께하는 것이 거룩한 일이다. 실제로 그것이 우리의 영원한 운명이다.

  세속 문화에서는 직접 얼굴을 마주하고 모이는 자리와 관계가 줄어들고 있다. 일도 원격으로 하고, 스트리밍 서비스로 인해 영화와 공연 산업이 위기에 처했다. 수업은 화상으로, 지지 집단은 디지털로, 데이트까지 앱으로 하는 시대다. 많은 지역에서, 교회는 남아 있는 몇 안 되는 물리적 모임 중 하나다. 이는 우연도 아니고 어쩌다 보니 그렇게 된 것도 아니다. 기독교는 자아를 화면이 매개하는 마음으로 축소하지 않는다. 교리 문답에서 말하듯이, 우리 몸과 영혼은 하나님께 속해 있다. 우리가 진리를 추구할 때 다른 사람들과 물질적인 삶에서 멀어지는 것이 아니라 거기에 더 가까이 가게 된다.

마음을 새롭게 함으로

바울은 "너희는 이 세대를 본받지 말고 오직 마음을 새롭게 함으로 변화를 받아 하나님의 선하시고 기뻐하시고 온전하신 뜻이 무엇인지 분별하도록 하라"(롬 12:2)라고 쓴다. 하나님은 우리 양심을 새롭게 하는 것으로 만족하지 않으신다. 우리 마음이 새로워져서, 불안하고 어리석고 비현실적인 세상과는 다르게 보이도록 변화시키기를 원하신다. 그리고 우리를 선하시고 기뻐하시고 온전하신 그분의 뜻으로 인도하기 원하신다. 이 마음의 변화가 실현되면 어떤 모습일까? 바울은 우리에게 이렇게 말한다.

"내게 주신 은혜로 말미암아 너희 각 사람에게 말하노니 마땅히 생각할 그 이상의 생각을 품지 말고 오직 하나님께서 각 사람에게 나누어 주신 믿음의 분량대로 지혜롭게 생각하라 우리가 한 몸에 많은 지체를 가졌으나 모든 지체가 같은 기능을 가진 것이 아니니 이와 같이 우리 많은 사람이 그리스도 안에서 한 몸이 되어 서로 지체가 되었느니라"(롬 12:3-5).

겸손. 냉철한 판단. 믿음. 이 모든 태도는 무엇을 기준으로 해야 할까? 그 기준은 바로 '한 몸'인 다른 '지체', 그리스도와 서로의 일부인 다른 사람들이다. 마음이 새로워지는 것은 단순히 세계관을 교정하는 것이 아니다. 새로운 생각이 아니다. 기술에 관한 것도 아니다. 신중하고 차분하고 진실하고 공동체적인 사고라는 깊이 있고 지속적인 습관이다. 이는 믿음과 시험과 모든 온전한 것 가운데 드러난다. 이는 하나님의 로고스를 증언하고 로고스(logos)의 형상을 담은 번영하는 존재로 나타나는 생각이다. 우리가 절대 후회하지 않을 그런 생각이다.

06

디지털 전례 3: 수치
부끄러운 줄 알아야

2010년, 헬렌 리텔마이어(Helen Rittelmeyer)는 워싱턴 D.C. 지역에서 기자로 일하고 있었다. 그해 10월에 흥미로운 기회가 찾아왔다. C-Span 방송의 패널 토론에 출연하여 미국 보수주의의 미래에 대해 논하게 된 것이다. 그런데 우연찮게도 함께 출연한 패널 중에는 헬렌의 전 남자친구이자 동료 기자인 토드 시비(Todd Seavey)가 있었다. 처음에는 중도 우파 기자들이 모여 여러 생각을 신중하게 성찰하며 자신의 경력에 도움이 될 만한 기회로 보였지만, 헬렌에게는 곧 끔찍한 악몽이 되고 말았다.

카메라가 돌아가고 있는데, 시비가 어떤 질문에 답하면서 헬렌을 개인적으로 질타하기 시작했다. 시비가 헬렌을 나쁜 사상가와 나쁜 여자친구, 심지어 나쁜 사람으로 비판하면서 정치 토론은 순식간에 굴욕으로 변질되었다. 헬렌은 이렇게 회고했다. "(내게는 매우 유감스럽게도) 2주 뒤에 방송될 내용을 녹화한 3분 45초 동안, 그는 내가 소시오패스라고 신랄하게 주장했다."[1]

이 3분 45초는 헬렌(지금은 헬렌 앤드루스)의 삶에 중대한 사건이 되었다. 헬렌은 10여 년 후에 그때를 돌아보면서, 그 동영상이 순식간에 퍼지면서 엄청난 반응이 쇄도했다고 말했다. 그녀를 지지하는 내용도 있었지만, 대부분은 그렇지 않았다. "내 동료들은 함께 일하는 여자가 만화에 나올 만한 비밀스러운 악당이라고 믿지 않았을 것이다. 하지만 그럴지도 모른다는 의심이 뿌려졌다…지하철에서 누군가가 나를 한 번 더 쳐다보면, 나를 아는 사람이라 그런 건지, 동영상에서 나를 봤기 때문인지 알 수가 없었다."

헬렌에 따르면, 그 동영상은 면접 장소나 학생들과의 만남 등을 가리지 않고 가는 곳마다 그녀를 따라다녔다. 심지어 그 일이 있고 나서 8년 후에, 누군가가 (잘 모르고) 헬렌의 남편에게 그 동영상을 보여 주려 한 일도 있었다. 헬렌은 온라인에서 수치심의 급속한 확산에 대해 글을 쓰면서 그 사연을 다시 끄집어냈다. "온라인 수치 주기를 더 많이 관찰할수록 그 패턴은 확실해진다. 모든 사람이 원칙적으로 그럴듯한 구실을 들고 나오지만 실제로는 자신이 폭도에 가담한 것뿐이라는 사실을 스스로 인정하지 못하게 막는 장벽일 뿐이다. 일단 그런 장벽이 세워지면 모든 예의 규칙은 사라지지만, 그 구실은 거의 항상 거짓말에 불과하다."[2]

그녀의 주장에 따르면, 온라인 수치 주기에 중심에 있었던 사람들은 그것을 감내하는 수밖에 없다는 것을 배운다. 인터넷은 문화의 모든 측면 곳곳에 침투하여 편재하기 때문에 온라인 폭도를 통제하거나 반박하려는 시도를 무의미하게 만든다.

일부 경우에는 공격 대상이 정말로 부적절한 행동(누군가에 대한 모욕이나 학대처럼)을 저지르기도 했지만, 대다수의 경우에 실제 범죄에 비해 온라인 폭도들의 반응은 심각한 수준이다. 하지만 수치를 당하는 사람들은 실제로 아무 잘못을 저지르지 않은 경우가 더 많다. 오히려 이들은 다른 오래된 무언가를 상징하는데, 한 사회가 자신들의 죄책감을 뒤집어씌울 어떤 대상이나 사람이 긴급하게 필요했기 때문이다.

새로운 교수대

너새니얼 호손(Nathaniel Hawthorne)의 아들 줄리언 호손(Julian Hawthorne)은 〈월간 애틀랜틱〉(*The Atlantic Monthly*) 1886년 4월호에 아버지의 소설 『주홍 글씨』(*The Scarlet Letter*) 리뷰를 발표했다. 젊은 여성 헤스터 프린은 혼외 관계로 자식을 낳았다는 이유로 주홍 글씨 'A'를 가슴에 새기게 된다. 너새니얼 호손의 소설은 헤스터가 낳은 자식의 아버지가 동네에서 존경받는 아더 딤즈데일 목사라고 폭로

하여 윤리적 위선을 해체한다. 줄리언 호손은 9,000자가 넘는 에세이를 마무리하면서, 이 책의 교훈적인 맥락이 얼마나 아이러니한지 반성했다.

이것[주홍 글씨 A]은 그녀가 받은 형벌, 사람이 부과할 수 있는 가장 무거운 처벌이다. 그러나 다른 모든 법적 처벌처럼, 이는 범죄자 교화보다는 사회 보호에 더 큰 비중을 둔다. 헤스터는 그녀처럼 유혹을 받았던 다른 사람들에 대한 경고다. 그 과정에서 그녀가 자신의 구원을 회복한다면, 그녀에게는 좋은 일일 것이다. 하지만 좋든 나쁘든 사회는 그녀에게 더는 관심을 두지 않았다.

사회는 그 법을 어긴 사람들에게 사실상 이렇게 말한다. "우리가 너희를 짓밟는 이유는 너희 영혼을 구하기 위해서가 아니다. 너희의 시민적 인격에 부수적으로 달려 있는 그 문제적인 존재의 안위는 우리에게 전혀 중요하지 않다. 우리는 단지 너희가 어떤 행위를 통해 우리의 보호를 받을 자격을 상실했기 때문에, 너희가 우리의 번영을 방해하는 존재이기 때문에, 그리고 너희가 고통당하는 장면이 유사한 불법적 충동을 지닌 다른 이들을 단념시키는 역할을 할 수 있기 때문에 너희를 짓밟는 것이다."

그러나 이 모든 과정에서 명백한 사실은, 사회가 인정하는 유일한 범죄는 발각된 범죄라는 점이다. 만약 사회가 성공적인 위선자들로만 이루어진다면, 지금처럼 다양한 인간 본성의 요소들이 뒤섞

인 사회보다 훨씬 더 원활하게 사회적 요구를 충족시킬 수 있을 것이기 때문이다.[3]

『주홍 글씨』 덕분에, 세상이 처벌을 통한 수치심으로 윤리적 위선을 조장한다는 생각은 종종 종교와 연관되곤 한다. 그러나 현대 서양 사회는 대단히 흥미로운 역설을 드러낸다. 종교의 중요성이 감소하고 표현적 개인주의가 증가한 것은 문화 전반에 걸쳐 긍휼과 관용과 이해가 확대되는 결과로 이어지지 못했다.

오히려 소셜 인터넷은 디지털 방식으로 벌을 주고 그 가치관에 저촉되는 사람들을 지워 버리는 수치 문화의 확대를 보여 주었다. 손절 문화, 온라인 폭도, 수치심 폭풍 등 이런 현상을 가리키는 이름은 다양하다. 하지만 이 모두는 소셜 미디어에 상당한 시간을 보내는 대부분이 어느 시점엔가는 목격한 무언가를 묘사한다.

웹의 민주화 효과에도 불구하고, 현대 온라인 시대 성인들은 자신의 스크린 앞에서 굉장히 무기력해 보인다. 천박한 농담, 시의적절하지 못한 견해, 부주의한 말 등은 온라인상에서 사람의 인생을 송두리째 바꿔 놓을 정도로 낙인 찍기에 충분하다.

온라인 손절의 많은 경우가 상대적으로 유명 인사를 대상으로 하지만, 수치 문화의 윤리적 논리와 진행은 누구에게라도 영향을 미칠 수 있다. 존 론슨(Jon Ronson)의 획기적인 작품 『그래서 당신은 공개적으로 수치를 당했습니다』(*So You've Been Publicly Shamed*)는 온라인 수치 문화 때문에 경력이나 관계를 잃은 사람들의 사연을 모은 책이다.

『나쁜 교육』에서 조너선 하이트와 그레그 루키아노프는 교육계에서 언론과 토론의 자유가 퇴보하고 '마녀사냥'이 부상하는 현상을 기록하면서, 원치 않는 의견을 지닌 사람들을 대중의 시선에서 몰아내는 온라인상의 학생 집단이나 활동가 집단을 언급한다.[4]

손절 문화가 단순히 특정 언론인이나 연예인에게만 영향을 미치는 신기루 같은 개념이라는 인식은 잘못이다. 서양 사람(특히 미국인)들이 반대 관점을 지닌 사람들과 친구가 되어 함께 살아가는 일이 점점 줄어들면서, 보통 사람들 사이에서도 정치적·사회적 분열을 넘어서는 우정은 점점 줄어들고 있다.[5] 이런 감소 자체가 가벼운 형태의 '손절 문화'라고 할 수 있다. 공개적인 이목 집중은 피하면서도, 여전히 도전적이거나 불편한 것은 무엇이든 비방하는 논리를 따르기 때문이다.

얼마 전까지만 해도 많은 그리스도인이 우리가 무제한적 상대주의 시대에 살고 있다고 믿었다. "저건 당신의 진실이고, 이건 나의 진실이다."라는 말은 포스트모던 서양의 흔들리지 않는 정통이었다. 〈인디아나 존스—최후의 성전〉(Indiana Jones and the Last Crusade)의 한 장면이 그 철학을 잘 묘사한다. 전설적인 고고학자가 대학에서 수업하며 이렇게 말한다. "고고학은 진실이 아니라 사실을 찾는 학문입니다. 진리에 관심 있는 학생이 있다면, 타이리 교수의 철학 수업을 찾아가세요."[6] 덧없는 추상 개념인 '진리'와 객관적 실재인 '사실'의 대조가 상대주의의 정신을 잘 요약해 준다. 하지만 지난 두어 해 사이에, 이런 사고방식은 점점 사라지고 있다.

인종적 정의를 위한 운동이나 미투 운동은 서구 사회의 젊은 세대가 더 이상 "각자에게 맞는 것이 그 사람의 진리이다."라고 생각하지 않음을 잘 보여 주었다. 오히려 정의에 대한 윤리적 주장이 사회를 재구성하여, 정의로 인식되는 것에 반대하는 것은 개인의 도덕성의 표현이 아니라 문화에 대한 공격이 되었다. 도덕적 상대주의가 더는 작용하지 않는데, 해시태그가 거기에 일조했다.

종교의 쇠퇴와 (세속의) 도덕적 절대주의의 부상이라는 이 모순을 무엇으로 설명할 수 있겠는가? 종교의 쇠퇴 자체에 한 가지 답이 있다. 기독교 목사요 작가인 존 스타크(John Starke)는 철학자 찰스 테일러(Charles Taylor)의 근대성과 영적이거나 초월적인 것에 친밀감을 느끼지 않는 '갇힌 자아'(buffered self)에 대한 분석을 요약하면서, 이러한 종교적 전제의 상실이 문화적 무의미함을 낳는다고 이야기한다.

> 테일러가 명명한 '불안'은 세상을 맥 빠지고 공허한 공간으로 인식하게 만든다. 즉 갇힌 자아로 얻은 것이 초월성을 잃음으로써 발생한 손실을 보상하지 못한다. 우리가 초월적 실재를 포기했지만 초월적 감정과 경험까지 포기하지는 않았으므로 이 불안은 더 깊어

진다. 오히려 우리는 내재적 틀 안에서 초월성을 찾으려 하지만, 이는 우리 현실의 협소함을 드러내고 우리의 상실감을 더 심화할 뿐이다.[7]

온라인 수치의 등장과 '적'으로 간주한 이들에 대한 소외를 부추기는 현상을 이해하는 한 가지 방법은 그것을 여기서 스타크(와 테일러)가 설명한 불안을 무감각하게 만드는 요소로 생각하는 것이다. 서양(특히 고등 교육)에서 최고 윤리 범주가 사라졌다고 해서 현대인들이 두려움과 죄책에서 벗어난 것은 아니다. 그러나 그들로 하여금 그런 것들이 불법이라고, 그것들이 아무런 존재론적 가치가 없으며, 그것을 다루는 유일한 방법은 아무것도 하지 않는 것이라고 믿게 만들었다. 인간은 이런 식으로 살아갈 수 없는데, 어떤 이데올로기를 내면화하든 우리는 하나님의 형상대로 창조되었기 때문이다.

우리는 우리 외부에 우리보다 더 큰 무언가가 존재한다는 감각을 완전히 차단할 수 없고, 우리 내면의 무언가가 그 크신 존재에 접근하는 것을 방해한다고 느낄 수밖에 없다. 문제는 우리가 이것을 인지하느냐 못하느냐가 아니다. 우리는 확실히 인지할 수밖에 없다. 이런 인식을 지닌 채 이를 다룰 도덕적 범주가 사라진 상황에서 우리가 어떻게 할 것이냐가 문제다.

죄와 수치가 사라지지 않는 이유

이 질문은 내가 지난 몇 년 사이에 읽은 가장 중요한 에세이의 토대가 된다. "죄책감의 희한한 지속성"(The Strange Persistence of Guilt)에서 학자 윌프레드 맥클레이(Wilfred McClay)는 두 가지 경쟁하는 문화 동향을 고려한다. 첫째, 죄책과 수치의 압도적인 심리화가 존재한다. 엘리트 교육자들 사이에서, 도덕적 실패감이나 자신의 결점에 대한 절망감을 치료적 관점에서 재해석해야 한다는 생각만큼 획일적인 합의가 이루어지는 생각은 거의 없다. 당신은 죄가 없다. 당신 공동체(특히 가족)의 억압적인 기준에 사로잡혀 있을 뿐이다. 당신의 수치심은 당신이 진정한 자아를 실현하고 마음 가는 대로 행동하면 된다고 말해 줄 뿐이다.

둘째, 하지만 맥클레이는 죄책과 수치에 대한 이런 치료적 해결책에도 불구하고 현대인들은 자신과 더 화해하지 못하는 것 같다고 말한다. 오히려 현대 사회는 불안, 염려, 진정한 종류의 죄책으로 가득 차 있다. 지그문트 프로이트(Sigmund Freud) 같은 사상가들의 영향을 받은 현대인들은 이제 자기 내면의 수치심이 케어를 받거나 치료해야 할 질병이라고 믿는다. 그러나 이들의 느낌은 절대 사라질 수 없기에 억압된 도덕적 죄책감은 '다른 곳'으로 가야만 한다. 맥클레이는 이 억압된 수치심이 타인에게로 흘러가는 것 같다고 생각한다.

인정받지 못한 죄가 엄청나게 존재하는 사회, 그 사회는 세계를 정복할 듯한 오만한 권력과 주체성을 가득 품고 있지만, 동시에 그 권력에 수반되는 모든 죄를 속할 효과적인 방법은 전혀 갖추지 못하고 있다. 이는 분명 도덕적 위기의 전조이며, 마치 세계 재정 및 통화의 건전성을 위협하는 부채 위기와 도덕적-거래적 유사성을 지닌다.

희생양을 만들고, 대중 앞에서 굴욕과 수치를 주며, 도덕적으로 용납될 수 없는 발언과 감정을 계속해서 늘려 가며 그것을 지나치게 가혹하게 처벌하는 의식 등이 공적 삶에서 눈에 띄게 증가하고 있다. 이는 단순히 불관용이나 무례함의 징후가 아니라, 더 심각한 도덕적 혼란, 즉 그것이 존재하지 않는 척하는 정신 분석적 기법으로는 결코 사라지지 않는 불만(Unbehagen)의 징표다.[8]

맥클레이는 기독교가 죄인들에게 진정한 용서를 제공하는 이유는 죄의 실체를 확인해 주고 동시에 정의를 충족시키며 죄인을 해방해 주는 속죄를 실행하기 때문이라고 말한다. 따라서 이 죄책감과 수치심의 영향을 받는 인간 개인(과 사회)의 모든 부분이 충분히 설명된다. 우리의 죄책감은 환상이 아니지만, 그 때문에 우리가 가망 없이 사라지지 않는 까닭은 은혜 가운데 그 죄책이 우리를 대신해 그것을 감당하실 권위와 의지를 지닌 다른 누군가에게 전가되었기 때문이다.

하지만 이 이야기가 사회의 의식에서 사라져 버릴 때 무슨 일이 벌어지는가? 맥클레이에 따르면, 우리는 일종의 도덕적 확신을 추구하면서 엉뚱한 곳에서 희생양을 찾게 된다. 맥클레이는 사회가 희생해야 할 희생자가 되려고 애쓰면서 세상을 헤쳐 나가는 사람들이 있다고 지적한다. 그러나 또 다른 사람들은 자기 죄에 대해 남을 희생시켜서 양심을 달래기도 한다. 맥클레이는 이것이 세속 시대가 풀지 못하는 딜레마라고 결론을 내린다.

과학은 우리 영혼을 짓누르는 죄책감을 덜어 주는 데 아무 도움도 되지 못하며, 오히려 그 무게를 상당히 가중시켰다. 이는 우리가 삶의 요소를 점점 더 많이 통제할 수 있도록 만들었기 때문이며, 그로 인해 우리는 더 책임을 져야 하는 존재가 되었다. 책임은 죄책감이 자라나는 비옥한 토양이 된다. 이렇게 커지는 죄책감의 무게는 해소될 기회를 찾고, 거래적 해결 방식의 배출구를 모색하지만, 세속 질서 안에서는 분명하거나 직접적인 해결책을 찾지 못한다. 대신, 우리는 대개 허우적거리며, 어떤 형태로든 면죄를 찾으려 한다. 그러나 우리가 속한 이 모순적인 후기 기독교적 도덕 체계는 죄라는 개념을 완전히 폐기하지는 않았으면서도, 정작 속죄나 사죄를 가능하게 하는 거래적 힘을 상실했는데, 그러한 힘 없이는 어떤 도덕 체계도 견디기 어려운 법이다.[9]

속죄를 상실한 공적 종교의 감당할 수 없는 파괴적 특성은 소셜 미디어 시대에 아주 생생하게 드러난다. 정체성 정치와 성 혁명의 이상한 신세계가 승리했음에도, 현대 서구 사회는 도덕적 본능을 제거하지 못했다. 오히려 그 본능을 새로운 도덕률에 따라 해소하는데, 그 도덕률은 신성을 정의나 평등 같은 추상 개념으로 대체하고 죄를 순수한 편견으로 재정의한다. 그리고 속죄의 길은 제시하지 않은 채, 종교 공동체가 불명예를 가져다준 사람들을 제거함으로써 스스로 정화할 수 있는 전례만을 제공한다.

진 트웬지의 『i세대』는 이 새로운 문화적 순간을 통계적으로 포착해 낸다. 새로이 등장하는 미국 성인에 대한 나란한 두 진실을 생각해 보자. 이들은 (기록적으로) 종교에 소속되기를 포기하고 있는데, 종교가 LGBT 사람들을 용납하지 않기 때문이(라고 말한)다. '또한' 이들은 학교나 고용주, 지역 사회에 자신이 싫어하는 사상이나 견해로부터 보호해 달라고 요구할 가능성이 이전 그 어떤 세대보다 높다.

트웬지의 연구에 따르면, 1998년에 종교가 있는 대학교 1학년 학생의 비율은 85퍼센트였다. 2016년에는 그 숫자가 68퍼센트로 더 떨어졌다.[10] 트웬지는 "요즘은 종교라는 말을 듣고 엄격함이나 편협함을 떠올리는 젊은 인구가 늘어나고 있다. 매우 개인주의적이고 무엇이든 흔쾌히 받아들이는 세대는 엄격함이나 편협함을 싫어할 수밖에 없다."[11]라고 쓴다.

하지만 종교 대신 정치 영역에서는, 개인주의와 수용이 순응에 대한 욕구로 바뀐다. 트웬지는 잘못된 의견을 표명했다는 이유로 어떤 사람의 해고나 퇴학을 지지한 젊은 대학생들이 관련된 몇 가지 사건을 나열한다. 트웬지는 "최근에 달라진 점은 점점 더 많은 발언이 인종 차별적이거나 성차별적인 발언으로 간주되고 있으며, 점점 많은 사람이 '극단적'인 것으로 간주된다는 사실이다."[12]라고 말한다. 학생들은 조직화된 종교의 규칙과 배제를 비난하는 반면, 자신을 화나게 하는 사상과 사람들이 사라지기를 요구하는 면에서는 부모 세대보다 더 편안함을 느낀다.

그러나 자신의 현실을 스스로 정의하는 자율적인 개인으로 구성된 철저한 평등주의 사회는 전통 종교의 대안이 되지 못했다. 오히려 그 대안은 새로운 도덕률, 하지만 더 유동적이고 예측하기 어려우며 자기 홍보와 손님이 왕이라는 가치관에 신세를 지고 있는 도덕률에 불과하다. 도덕성, 죄책, 형벌은 사라지지 않았다. 그저 새로운 관리를 받고 있을 뿐이다.

망신 주기 문화에서 회개와 은혜

이 책에서 다룬 다양한 디지털 전례 중에서, 그리스도인들이 공적 영역에서 복음을 선포하고 살아 낼 가장 확실한 기회를 제기하는 것은 아마도 이 주제일 테다. 많은 복음주의자가 현대 사회에 대해 오해하는 것 중 한 가지는, 대다수 사람이 자신의 자율적인 도덕적 존재를 만족해하며, 우리가 이 세대에 전할 때 가장 강조해야 할 기독교 진리의 양상은 율법이라는 것이다. 문제는, 세속 사람들이 자기 삶으로 심판을 받는다는 사실을 믿지 않는다는 것이다. 따라서 심판의 실재는 다른 어떤 메시지보다 더 긴급하게 이들에게 전해야 할 메시지다. 이 진리만이 오늘날 대다수 사람이 묘사하는 자기 만족감을 관통할 수 있기 때문이다.

이는 잘못된 문제에 올바른 해결책을 제시하는 경우다. 복음이 하나님의 진리와 그 진리를 억압하는 이들에게 임하는 그분의 진노를 드러냄으로써(롬 1장) 우리의 자율성과 자기 의를 무너뜨린다는 것은 절대적인 사실이다. 하지만 현대 사회의 지배적인 특징이 세속적인 기쁨과 만족이라는 것은 사실이 아니다.

요즘 서양의 십대와 청년을 다룬 거의 모든 보고서는 전혀 다른 이야기를 들려준다. 불안과 우울감이 사상 최고치를 기록하고 있다. 십대 초반 아이들이 자살을 생각하고 실행한다. 부유하고 수준 높은 사람들이 그 어느 때보다 외로움을 호소한다. 소셜 미디어와 웹에는 세상을 향한 분노와 좌절, 절망이 쉼 없이 넘쳐난다. 특히 젊은이들은 그들의 부모 세대는 겪지 못했던 일, 곧 자아를 파는 온라인 장터에 직면하고 있다. 거기에서 긍정적 보상은 잔혹한 폭행이라는 위협에 의해 끊임없이 상쇄된다.

사실상 주변 문화는 회개의 신학을 말해 줄 누군가를 간절히 찾고 있다.

『주홍 글씨』의 마을 사람들이 잘 알았듯이, 죄책의 실재를 인정할 때 진정한 그리스도인의 반응이 시작된다. 동산에서 창조주께 죄를 지은 아담과 하와는 "눈이 밝아[졌다]"(창 3:7). 죄는 정신적인 속임수도 아니고, 트라우마를 유발하는 신기루 같은 것도 아니다. 죄성의 실재를 느낀다는 것은 눈이 밝아져서 현실을 있는 그대로 보게 되는 것이다.

더 나아가서, 죄는 사람을 평등하게 만드는 가장 큰 요인이다. "모든 사람이 죄를 범하였으매 하나님의 영광에 이르지 못하더니"(롬 3:23). 우리 내면의 죄를 인식하면 우리 안에 있는 영적·정서적 확신을 파괴하게 된다. 마찬가지로 주변의 거의 모든 사람이 이 죄성을 공유한다는 깨달음은 우리가 사는 세상에 대한 순진한 관점을 파괴한다.

분노가 불러오는 소셜 미디어의 많은 구경거리의 배후에는 유토피아적인 꿈이 있다. 끊임없이 자신의 죄책을 상기시키는 세상을 탈출하여 다른 세상을 만들고 싶은 욕구 말이다. 그런 변화에 대한 욕구는 그 꿈을 좌절시키는 누군가를 향한 격렬한 반감을 끌어낸다. 그래서 앨런 제이콥스(Alan Jacobs)는 "이 세상이 안고 있는 문제를 개선하는 것이 아니라 영원히 교정할 수 있다는 믿음을 가진 경우, 이러한 낙관적 생각에 동의하지 않는 사람 혹은 그런 생각을 가졌지만 다른 체제를 선택한 사람은 유토피아를 방해하는 적이 된다."[13]라고 쓴다.

대조적으로, 기독교의 속죄 교리는 우리에게 자기 죄를 사할 능력은 없지만 우리 죄책을 진정으로 의미 있게 다룰 기회가 있다고 말한다. 기독교에서 회개를 요청하는 것은 도덕적 책임을 떠넘기는 비열한 정치적 방식이 아니다.

온라인 수치 문화에서 죄를 저지른 사람들에게 '떠나야' 한다고 요구할 때는 줄리언 호손이 자기 아버지의 소설에서 발견한 것과 같은 위선적인 실용적 에토스에 동참하는 것이다. 반면, 기독교는 죄책에 대한 진정한 속죄를 제공한다. 이 속죄는 단지 죄를 없앨 뿐 아니라, 영적으로 죽은 사람을 영적으로 산 사람으로 진정으로 변화시킨다(엡 2:1-10). 존 스토트(John Stott)의 표현대로, "그리스도의 상처를 통해 치유가, 그분의 죽음을 통해 생명이, 그분의 고통을 통해 용서가, 그분의 고난을 통해 구원이 있다."[14]

이렇게 하나님의 속죄와 은혜를 경험하면 언제나 진정으로 겸손한 영을 소유하게 된다. 십자가를 바라보면서 자신이 중요하다고 느낄 수는 없다. 그리스도인들이 자신이 반대하는 생각이나 의견에 대한 토론을 두려워하지 않는(혹은 두려워하지 말아야 할) 한 가지 이유는 복음이 그들에게 자신은 낮추어 보고 하나님은 높여 보는 관점을 제시하기 때문이다. 하나님의 능력, 승리, 주권이 만물을 통치한다.

그리스도인이 정치와 공공 영역에서 애쓰는 이유는 유토피아를 만들기 위해서가 아니다. 그리고 반대편에 선 사람들은 선한 사람들의 승리를 위해 반드시 복종시켜야 할 적수가 아니다. 오히려 그리스도인은 하나님 나라의 오심을 알리는, 자비의 수혜자임을 기억해야 한다.

완전한 의와 사랑의 하나님이 베푸시는 최후의 심판에 대한 확신이 영원한 평안과 안식의 근거다. 궁극적인 정의라는 도구가 우리 손에서 벗어나 그분께 주어졌고, 그분은 우리가 아닌 그 아들에게 그 도구를 허락하셨다. 이것이 바로 수치로 망가진 디지털 사회에 간절히 필요한 정서적·사회적·영적 위안이다.

화로다, 나여!

이 장을 시작하며 소개한 헬렌 앤드루스(Helen Andrews)의 이야기는 그녀가 온라인 수치심 폭풍의 한가운데를 헤쳐 나온 경험의 의미가 무엇인지 돌아보면서 마무리된다. 그녀는 언제나 고난이 자신의 유익을 위한 하나님의 계획의 일부라고 믿었으며, 실제로 "온라인 공개 수치를 겪으면서 이 믿음이 더욱 확고해졌다."라고 썼다.

그 영상에 대한 나의 첫 반응은 억울함이었어요. 내게 벌어진 일이 가당치 않다고 생각했죠. 하지만 심판 날에 내 모든 죄가 공공연히 알려질 것이고, 토드의 폭언은 그에 비하면 은퇴식 오찬의 건배사처럼 들릴 것 같았어요. 내가 받은 대접은 당연했고, 더 심각한 것은, 대부분의 불쌍한 죄인이 그렇다는 겁니다.[15]

온라인에서 벌어지는 수치 주기의 위력은 단순히 폭도들이 자신들의 목표 대상에게 죄가 있다고 느껴 수치를 준다는 데 있지 않다. 그 목표 대상조차도 자신에게 죄가 있다고 느낀다는 점, 바로 거기에 진짜 힘이 있다. 내 생각에는, 그래서 많은 문화 비평가가 '손절 문화'가 존재한다는 생각을 비웃는 것 같다. 그들은 실제로 오프라인에서 괴롭힘을 당하는 사람들도 있는데, 그런 일을 겪는 사람들은 대부분 괴롭힘당할 만한 이유가 있다고 여긴다. 그리고 만일 인터넷이 원하는 대로 말하거나 행동할 수 있는 자유가 많은 사람으로부터 힘의 균형을 재분배했다면, 더할 나위 없이 좋은 일이 아니냐고 말한다.

그 말에도 일리는 있다. 손절 문화는 귓속말 수준을 넘어선다면 사회적으로 살아남지 못할 성격과 생각과 태도가 많다는 것을 드러낸다. 추악한 인종 차별이나 성차별을 드러내는 문자 메시지가 공개되면, 우리가 아무리 적법한 절차를 벗어났다고 지적한다 하더라도 그 문자를 보낸 사람에 대한 평판은 낮아진다. 왜 그런가?

그런 생각은 정말로 악한 죄이며, 해악을 끼치기 때문이다. 악이 권력의 전당에 숨어 살거나 활동할 가능성이 조금이라도 적은 세상에 우리가 살고 있다는 사실에 감사할 수 있고, 감사해야 한다.

하지만 헤스터 프린이 외로이 교수대에 오른 모습이 목사의 죄에 대한 거짓말을 알려 주었듯이, 수치와 손절 문화 역시 우리 모두에 대한 거짓말을 알려 준다. 두려움에 부들부들 떨지 않고 그 광경을 지켜볼 수 있는 사람은 없다. "다음은 내 차례면 어쩌지?" 내가 보낸 그 문자, 내가 한 그 농담, 내가 학대한 그 관계. 누가 그것들을 공개하면 어떡하지? 어쩌면 이런 두려움 때문에 우리가 공격에 더 가담하는지도 모른다. 우리가 표출하는 분노가 우리에게는 그런 수치스러운 비밀이 없다는 사실을 구경꾼들에게 설득할 수 있기를 바라면서 말이다.

자신의 도덕적 죄책을 믿지 않으면서도 숨겨야 한다는 현대인들의 심리적 부담감은 치명적이다. 이는 자유가 아니라 절망을 낳고, 관계를 돈독하게 하기보다 망가뜨린다. 그래서 반드시 현실적인 해결책이 필요하다. 그것은 우리 눈을 밝혀야 하지만, 우리를 완전히 드러내서는 안 된다. 우리가 씻어 낼 수 없는 것을 없애야 하지만, 우리 영혼을 바래게 해서는 안 된다. 불순물을 태워야 하지만, 우리를 소모해서는 안 된다.

그래서 구약 성경 선지자 이사야가 환상으로 본 하나님의 보좌가 우리에게 소망이 된다.

"웃시야 왕이 죽던 해에 내가 본즉 주께서 높이 들린 보좌에 앉으셨는데 그의 옷자락은 성전에 가득하였고 스랍들이 모시고 섰는데 각기 여섯 날개가 있어 그 둘로는 자기의 얼굴을 가리었고 그 둘로는 자기의 발을 가리었고 그 둘로는 날며 서로 불러 이르되

거룩하다 거룩하다 거룩하다 만군의 여호와여 그의 영광이 온 땅에 충만하도다 하더라

이같이 화답하는 자의 소리로 말미암아 문지방의 터가 요동하며 성전에 연기가 충만한지라 그 때에 내가 말하되 화로다 나여 망하게 되었도다 나는 입술이 부정한 사람이요 나는 입술이 부정한 백성 중에 거주하면서 만군의 여호와이신 왕을 뵈었음이로다 하였더라

그 때에 그 스랍 중의 하나가 부젓가락으로 제단에서 집은 바 핀 숯을 손에 가지고 내게로 날아와서 그것을 내 입술에 대며 이르되 보라 이것이 네 입에 닿았으니 네 악이 제하여졌고 네 죄가 사하여졌느니라 하더라"(사 6:1-7).

07

디지털 전례 4: 소비
벌거벗은 채 어둠 속에

"프로도 씨, 그 토끼 고기 생각나세요? 우리가 파라미르 대장의 땅에서 따스한 강둑 아래 앉아 있던 곳은요? 그날 제가 올리폰트를 봤었지요."

"아니, 잘 생각이 나질 않아, 샘. 그런 일이 있었다는 건 알겠는데 자세하게 기억하진 못하겠어. 음식의 맛, 물의 감촉, 바람 소리, 나무, 풀, 꽃, 달과 별, 이런 것들이 전혀 기억나질 않아. 샘, 지금 난 벌거벗은 채 어둠 속에 있어. 나와 불꽃 바퀴 사이에 있던 가리개도 완전히 걷혀 버렸어. 이제는 맨 정신으로 눈을 뜨고 있어도 그것이 보이기 시작해. 다른 것들은 모조리 사라져 버렸어."

『반지의 제왕』

톨킨(J. R. R. Tollkien)의 판타지 소설 『반지의 제왕』(*The Lord of the Rings*)은 사우론의 절대 반지의 파괴적인 힘을 암시하기만 할 뿐 자세히 묘사하지 않는다. 몰락한 인물 골룸을 통해서 강력하게, 주인공 호빗 프로도를 통해 미묘하게, 반지의 심리적인 힘을 묘사할 뿐이다.

불멸하는 악한 존재가 만든 살아 있는 유물인 이 반지는 일정 시간 이상 반지를 소유하면 그 누구에게라도 흡혈귀 같은 영향을 미친다. 악령에 빙의되는 것과 비슷하게, 반지를 소유한 사람은 그의 정신도 반지처럼 되어서 결국 자아감을 잃어버리고 한때 자신이 사랑했던 사물처럼 되어 절대 반지에 사로잡히게 된다.

프로도는 천천히 운명의 산을 기어 올라가면서 자신이 반지의 힘에 사로잡힌 것 같다고 샘에게 고백한다. 그는 지옥 같은 모르도르 땅 밖에서 살던 시절을 기억하지 못한다. 더 행복한 날을 떠올리지도 못한다. 절대 반지가 그를 사로잡고 있어서 나머지는 다 길을 잃은 것만 같다.

절대 반지가 포르노그래피를 상징한다는 해석은 확실히 톨킨의 의도와 거리가 멀다. 그러나 포르노그래피와 감정과 생각을 사로잡는 반지의 힘 사이의 연관성은 뚜렷하다.

인터넷이 우리를 어떻게 형성하는지를 이야기하려면, 포르노그래피가 수많은 세대의 마음과 생각에 영구한 자국을 남긴 방식을 생각해 보지 않을 수 없다. 포르노그래피는 논란의 여지가 없는 웹의 주요 수출품일 뿐 아니라, 수십억 인구 각 사람과 웹의 관계를 결정짓는 핵심 요소다.

최초의 개인 컴퓨터가 등장하기 전부터 포르노그래피는 존재했지만, 인터넷 포르노는 인쇄물로 된 포르노와는 전혀 다른 종류의 경험이라고 할 수 있다. 곧 살펴볼 여러 이유로 인해, 웹의 특성은 포르노그래피의 기능을 놀랍도록 강력하게 보완한다. 온라인에서 포르노그래피를 많이 볼 수 있어서만이 아니다. 웹의 성격 자체가 본질적으로 포르노그래피처럼 형성된다.

이 이야기부터 하지 않은 이유

더 자세히 설명하기 전에, 이 시점에서 독자들이 궁금해할 만한 질문을 던지고 싶다. "왜 이 장이 1장이 아닐까?" 그리스도인이 자신과 웹의 관계를 더 현명하게 성경적으로 생각하도록 돕는 게 목표라면, 그리고 앞서 언급했듯이 포르노그래피가 논란의 여지가 없는 웹의 주요 수출품이라면, 왜 이 문제를 먼저 다루지 않았을까? 눈앞에 닥친 긴급한 문제를 다룬 후에 인식론이나 분노 문화를 다룰 수도 있지 않은가? 거기에는 그럴 만한 이유가 있다.

첫째, 그리고 어쩌면 이 책의 일부 독자들에게 가장 중요한 부분은, 이 책은 포르노그래피 중독에서 벗어나도록 돕는 책이 아니기 때문이다. 이 부분에서 도움이 필요하다면, 하나님이 당신을 도와주시기를 바란다. 그리고 나도 당신에게 도움이 될 만한 자료를 추천해 줄 수 있다.[1]

둘째, 잠시 후 살펴보겠지만, 나는 지금까지 살펴본 다른 디지털 전례들과 포르노그래피 문제를 분리하여 다룰 수 없다고 생각한다. 이 책의 핵심 중 한 가지는, 디지털 도구가 우리에게 말을 걸어오며 그 '모든' 내용을 평가하는 일이 영적인 과제라는 것이다.

기독교의 지혜와 웹 문화를 자세히 살펴보면, 포르노그래피가 인터넷이라는 영적 서식지의 논리적이고 예측 가능한 창조물임을 알 수 있다. 다시 말하면, 이는 우리를 쉽게 사로잡는 유혹과 습관에 개인적으로 대응하는 방법에도 적용할 수 있다.

온라인 포르노그래피를 우리가 억제해야 할 일탈로 오해해서 죄책감도 없이, 믿을 만한 사람들에게 말하기 당혹스러운 일들도 없이 스크린이 매개하는 삶을 그냥 계속해서 살아갈 수 있다면, 순결의 핵심도 놓치고 디지털 욕정에 대항하는 힘도 크게 약해지고 말 것이다. 그보다는 온라인 포르노그래피를 더 큰 전신 질환의 한 증상으로 확인할 수 있어야 한다.

마지막으로, 이 장에서 '포르노를 끊는 법'을 알려 주지 않아서 이 책은 그만 읽고 더 적절한 자료를 찾고자 하는 독자가 있다면 해 주고 싶은 말이 있다. 당신이 빠져들어 가고 있는 바다가 전부는 아니다. 당신의 감정과 관심, 기도 생활과 그리스도인의 삶을 지배하는 포르노의 힘은 당신이 의지할 만한 힘이 아니다. 나는 한 사람이 포르노 중독에서 벗어날 수 있는 가장 강력한 방법은, 마지막 실수 이후로 며칠이 지났는지를 세는 것보다 그리스도인의 정체성과 그리스도와의 동행이 훨씬 더 중요한 의미가 있다는 사실을 깨닫는 것임을 개인적인 경험을 통해 증언할 수 있다.

당신과 나는 무엇이든 자유로이 생각하고 기도하고 읽을 수 있다. 실제로, 구세주가 그분이 주신 '모든' 계명에 순종하라는 명령을 고려할 때 우리는 그렇게 해야만 한다. 당신은 깊은 바닷속에서 목숨을 걸고 헤엄치고 있을지도 모른다. 희망을 잃지 말라. 이 세상은 물로만 되어 있지 않다. 지금 당장은 눈에 보이지 않을지도 모르지만, 땅도 존재한다.

웹의 주요 수출품

온라인에 포르노그래피가 넘친다는 말에 증거를 요구하는 사람은 거의 없을 것이다. 그럼에도 통계를 들여다보면 정신이 번쩍 든다. 웹 리서치 기관 스태티스타(Statista)에 따르면, 사람들이 가장 많이 찾는 전 세계 20개 웹사이트 중에 세 군데가 '성인' 사이트인데, 한 달 평균 방문자가 40억이 넘는다.[2] 이 글을 쓰고 있는 현재, 애플 앱 스토어는 공개적인 포르노를 차단하고 있다는 점을 기억해야 한다. 구글, 페이스북, 트위터 같은 사이트는 앱을 통해 접속할 수 있지만, 수십억에 달하는 포르노 사이트의 접속 횟수는 사람들이 자기 컴퓨터나 모바일 장치에서 해당 사이트를 직접 찾아 들어간다는 뜻이다.

온라인 어디서나 포르노에 쉽게 접근할 수 있고 기존의 차단 조치가 어린이들의 접근을 막는 데 실패하면서, 일부 지역에서는 이에 대한 사회적 논의가 이루어지고 있다. 영국의 데이비드 캐머런(David Cameron) 전 수상은 재임 기간에, 정부가 인터넷 기업에 포르노 사이트 접근을 차단하도록 요구하는 정책을 제정하도록 요청했다.

캐머런은 이렇게 말했다. "아이들이 가게에서 성인용 물건을 산다거나 극장에서 성인용 영화를 관람해서는 안 됩니다. 우리는 아이들을 보호하기 위해 제대로 단속해야 합니다. 그런데 인터넷의 경우에는, 자유와 책임의 균형을 맞춘다면서 아이들에 대한 책임을 소홀히 했습니다."[3] 미국에서도 이와 비슷한 정부 조치가 있었는데, 일부 주에서는 포르노그래피를 공중 보건의 위기로 선언하기도 했다.

여러 세속 매체에서조차 현대 사회가 지나치게 포르노에 물들지는 않았는지 염려하기 시작하고 있다. 2016년의 한 「타임」지 표지 기사는 포르노 중독이 자기 인생을 망쳤다는 몇몇 청년의 증언을 보도했고, 빌리 아일리시(Billie Eilish)와 같은 유명인들도 어린 시절에 포르노에 노출되는 것이 아이들의 관계와 성에 대한 관점을 어떻게 왜곡하는지에 대해 분명하고도 확고하게 말했다.

이런 양상을 보수적 성 관념이 사회 전반에 다시 부각하는 현상으로 생각하려는 유혹이 들 수도 있지만, 그렇게 믿을 만한 증거는 별로 없다. 온라인 포르노의 영향력이 대다수 사람의 예상을 훨씬 뛰어넘었다는 것이 더 나은 해석일 것이다.

온라인 포르노는 '성인 전용'이나 '합의'라는 울타리에 머물지 않았다. 아동과 청소년도 얼마든지 접근할 수 있으며, 그 포르노들은 다양한 굴욕과 학대를 당하는 사람(특히 젊은 여성)들을 자주 묘사한다. 아마도 가장 중요한 점은, 스마트폰과 태블릿로 인해 더 쉽고 빠르고 은밀하게 포르노그래피에 접근할 수 있게 된 것이다. 그로 인해 포르노 중독의 덫은 더 강해지고, 거기서 벗어나는 길은 훨씬 더 힘들어졌다.

따라서 포르노그래피에 대한 세속의 논의나 노력은 대부분 그것을 '성인 전용'과 '합의에 의한' 범주로 되돌려 놓는 데 전적으로 집중한다. 이것은 기독교적인 접근법과는 거리가 멀 뿐 아니라, 더 근본적인 이유에서 이 논의와 노력은 실패할 수밖에 없다.

현대 사회에 미치는 온라인 포르노그래피의 영향력은 많은 부분 그것을 전달하는 장치에서 비롯된다. 웹과 포르노그래피의 논리와 구조 사이에는 중요한 시너지 효과가 있다. 물론, 인터넷의 모든 내용이 음란물이라거나 웹에 오래 접속하는 사람들이 결국에는 포르노를 보게 되어 있다는 말이 아니다. 오히려 웹이 타당하게 만드는 습관, 느낌, 개념(닐 포스트먼의 표현을 빌리자면, 웹이 "세상을 재형성하는"[4] 방식)이 포르노에 중독된 사람에게서 작동하는 습관, 느낌, 개념과 동일하다는 말이다. 달리 표현하면, 인터넷은 포르노그래피처럼 형성되어 있다.

이를 분명히 확인하기 위해서 우리는 온라인 포르노에서 특히 잘 드러나는 웹의 세 가지 특징, 곧 참신함, 소비, 고립에 초점을 맞출 수 있다.

참신함

코미디언 보 번햄(Bo Burnham)의 노래 "인터넷에 오신 것을 환영합니다"(Welcome to the Internet)는 온라인 시대의 삶을 잘 요약해서 보여 준다. 번햄은 가사와 멜로디에서, 거대한 웹 세상의 혼란스러운 특성을 잘 포착해 낸다. 당신이 원하는 것은 무엇이든 온라인에서 찾을 수 있다. 번햄의 노래가 기교적(이고 심지어 충격적)으로 포착했듯이, 인터넷에는 어떤 욕망도, 어떤 정신 이상도, 어떤 허황된 호기심도, 심지어 어떤 반인간적 본능도 담아낸 콘텐츠가 존재한다.

번햄의 노래가 특히 통찰력이 있는 것은 웹이 우리의 요구를 전달해 주는 단순한 수동적 메뉴가 아니라는 인식 때문이다. 혼돈 그 자체가 우리를 단단히 움켜잡아서, 우리가 사실은 신경 쓰지 않는 것들에 호기심을 갖고 스크린 밖에서는 절대 가까이 하지 않았을 오락과 유혹에 취약하게 만든다.

소셜 미디어를 이용하는 대다수가 '따분한 스크롤' 혹은 '아무 생각 없는 새로 고침'을 경험한다. 새로운 콘텐츠를 찾는다는 이유로 아무 목적 없이 계속해서 스크롤하거나 피드를 새로 고침할 때 이런 일이 벌어진다. 하지만 이런 유형의 행위는 우연이 아니라 웹의 구체적인 설계상 선택의 산물로, 기술이 우리를 어떻게 형성하고 있는지를 여실히 보여 주는 예다.

예를 들어 '무한 스크롤'은 신경학적으로 영향을 받은 웹 도구로, 사용자가 피드를 더 깊이 탐색할수록 보상을 주면서 페이지가 다시 나타날 때마다 새로운 볼거리와 들을 거리를 보장해 준다.[5] 이것이 가능한 이유는 순전히 웹이 끊임없이 새로움을 제공하는 기계이기 때문이다. 유튜브와 위키피디아의 끝없이 확장되는 경계든, 모호한 검색에도 끝없이 이어지는 결과물이든 웹은 본질적으로 "언제나 항상 모든 것"(보햄 노래의 가사)을 제공하도록 설계되었다.

하지만 새로운 기계라는 웹의 속성은 포르노그래피 매체인 웹의 속성과 불가분의 관계다. 아무 목적 없이 '콘텐츠'에 빠져 있는 것과 정욕을 쫓는 마음을 불러일으키는 분위기 사이에는 중요한 연관성이 있다. 영화와 로맨스 소설에서 정욕은 대부분 열정과 결단성의 문제지만, 온라인 포르노에 빠진 많은 사람의 문제는 욕망이 과한 것이 아니라 너무 약한 탓이다.

끝없는 스크롤로 정서적으로 무뎌진 사람의 마음은 무미건조함에 색채를 더하는 쪽으로 기울어지는 경향이 있다. 다시 말해, 아무 생각 없이 더 많은 '내용'을 찾다 보면 온라인 포르노의 일시적인 쾌감과 거짓된 친밀감을 추구하게 된다.

어느 그리스도인 작가는 포르노그래피 중독과 나태라는 고대의 죄를 연관 짓는다. 나태는 의미 상실에서 비롯되는 영적 무기력 혹은 권태를 뜻한다. "포르노그래피 사용자들의 증언에서 배워야 할 것은 사회에 만연한 추론과 달리 안목의 정욕은 '뜨거운' 일이라기보다 오히려 '차가운' 악이라는 중요한 사실이다.

안목의 정욕은 영적 무관심에 뿌리내린 영혼의 불안에서 비롯된다."[6] 전쟁터에 있어야 할 시기에 왕궁 옥상을 배회한 다윗왕처럼, 현대인과 온라인 포르노그래피의 만남은 무의미함에 대한 몰입이라는 더 큰 문제를 반영할 수 있다. 대개는 노골적인 이미지가 아니라 무의미한 스크롤에서부터 이런 문제가 시작된다.

소비

무한에 가까운 인터넷의 참신성은 단순히 숨기기 위해서만 존재하지 않는다. 당연히 소비되기 위해 만들어졌다. 소비는 온라인 시대의 핵심 에토스다. 이는 온라인상의 인간 활동을 설명할 때 사용하는 최신 용어에서 드러난다. 스트리밍 서비스에서 텔레비전 프로그램을 '정주행'한다. 소셜 미디어에서 다른 사람들을 '스토킹'

한다. '콘텐츠'는 이제 인터넷에 게시된 모든 내용을 가리킨다. 특정한 반응을 요구하는 확실한 내용(읽어야 할 에세이나 감상해야 할 사진 등)이 아니라, 무분별하게 주의를 끄는 일반적인 자료의 늪을 암시하는 단어가 된 것이다. 무엇이든 소비될 수 있으므로 무엇이든 콘텐츠가 될 수 있다.

유튜브는 이 점을 더 생생하게 보여 주는 예다. 많은 사람이 뮤직비디오나 영화 예고편처럼 대형 문화 콘텐츠를 보러 유튜브를 찾지만, 유튜브의 핵심 사업은 '콘텐츠 크리에이터'다. 유튜브 콘텐츠의 가장 놀라운 점은 없는 게 없다는 것이다. 만약 누군가가 (최소한 법에 저촉되지 않는 선에서) 상상할 수 있는 일이라면, 바로 그 내용을 담은 유튜브 동영상을 찾을 수 있을 것이다.

최고 아마추어 가수나 운동선수의 동영상이 가장 많은 조회수를 받던 시절은 지나갔다. 이제는 리액션 영상이 유튜브의 최대 '콘텐츠' 중 하나다. 이 영상은 말 그대로 평범한 사람들이 무언가에 반응하는 장면을 담고 있다. 영화, 수술, 차량용 블랙박스 화면 등 당신이 생각해 낼 수 있는 것이라면 그게 무엇이든, 그에 대한 반응을 촬영한다.

15년 전만 해도 사람들이 반응하는 표정을 찍어서 다른 사람들에게 보여 주는 것으로 돈을 벌 수 있다고는 상상할 수 없었을 것이다. 하지만 요즘에는 아주 기본적인 인간의 상호 작용조차 원하는 대로 소비할 수 있는 귀중품이 되었다.

소비라는 웹의 에토스는 포르노 산업에 걸맞은 수단이다. 근본적으로, 포르노그래피는 인격체를 영혼 없는 구경거리로 바꾸는 소비 행위이기 때문이다. 포르노와 웹은 굉장히 효과적으로 같이 가는데, 둘 다 상업화 도구, 곧 인간의 삶에서 가장 친밀하거나 기본적인 부분을 소비 가능한 콘텐츠로 바꾸는 방식이기 때문이다.

'포르노'라는 용어가 어떻게 용도가 바뀌어서 바람직한 이미지를 가리키게 되었는지 생각해 보자. 이제 웹에서 '푸드 포르노'라는 섹션은 맛있는 음식 사진을 뜻한다. '푸드 포르노'(food porn) 세계에서는 음식을 묘사하는 것이 아니라 이미지를 소비하는 것이 목적이다. '어스 포르노'(earth porn) 커뮤니티도 있는데, 아름다운 풍경을 담은 사진과 영상을 의미한다.

초월적인 것을 소비할 수 있는 것으로 바꾸어 놓는 포르노그래피의 기능이 온라인에 너무 깊숙이 들어와 있어서 우리가 소비하는 모든 콘텐츠를 가리킬 정도가 되었다. 적어도 실제적인 의미에서, 마치 인터넷에 있는 모든 것이 일종의 포르노인 셈이다.

고립

웹의 참신성을 소비하는 가장 효율적인 방법은 유의미한 관계를 맺는 두터운 공동체의 일원이 아니라 고립된 개인으로 소비하는 것이다. 지난 10년간 인터넷 기술의 궤적은 언제 어떤 이유로든 도달할 수 있는 고독한 개인을 지향해 왔다.

문명사회가 온라인을 활용한 주요한 세 국면을 생각해 보자. 이를 웹 역사에서 '실험실', '거실', '주머니'라는 세 시기로 구분할 수 있다. 우리가 아는 현대 인터넷 시기는 과학과 정부, 군사 목적으로 컴퓨터 시스템을 연결하려는 고도의 기술적인 시도로 20세기 중반에 시작되었다. 영화 〈히든 피겨스〉(Hidden Figures)에 등장하는 방을 가득 채우는 나사의 대형 슈퍼컴퓨터들처럼, 인터넷 기술 초기 상태는 범위와 성능 면에서 압도적이었다. 아주 단순한 네트워크를 유지하는 일에도 최고의 교육을 받은 사람들이 오랜 시간과 큰 노력을 들여야 했다.

하지만 개인 컴퓨터와 모뎀의 등장은 인터넷과 세상의 관계를 바꾸어 놓고, 결국에는 현재와 같은 웹을 탄생시켰다. 개인 컴퓨터가 일과 여가에서 점점 더 저렴하고 빠르고 중요해지면서, 웹은 마침내 가정으로 들어왔다. 컴퓨터와 전화선만 있으면 거실에서도 거의 무한한 세계와 연결될 수 있었다. 하지만 이 단계에서도 컴퓨터와 전화선은 필수였다는 점이 중요하다. 인터넷을 한다는 것은 특정 장소에서 특정 행동을 하는 데 수반되는 경험이었다. 오늘날까지도, 대학의 '컴퓨터실'은 사람들이 오랫동안 웹을 어떻게 경험했는지를 증언해 준다.

하지만 결국 웹은 가장 혁신적인 세 번째 단계로 진입하는데, 바로 스마트폰이다. 스마트폰의 등장과 함께, 웹을 체험하는 장소의 중요성은 거의 사라지게 된다. 더 이상 특정 포트에 전화선이

꽂혀 있는 전용 공간을 찾지 않아도 된다. 모바일 기술의 발달로 이제 '당신이' 있는 곳이 곧 장소다. 차를 타든 비행기를 타든, 학교에 있든 교회에 있든, 호주머니에 손을 넣기만 하면 웹에 접속할 수 있다.

이 말은 결국 이제는 웹을 홀로 체험할 수 있다는 뜻이다. 나사 망원경이 보내온 새 사진을 보려고 거실에 있는 가족 PC 앞에 옹기종기 모일 필요가 없다. 저녁 먹을 때쯤 되면 이미 각자의 뉴스 피드에서 사진들을 다 보았을 테니 말이다. 스트리밍 앱은 여러 프로필을 제공하므로 각자 개별적으로 다운받을 수 있다. 하지만 이렇게 개인주의가 확대되면서 외로움은 더 심해진다. 자신에게 딱 맞는 정보를 이전보다 더 누리게 되었지만, 많은 현대인은 타인과 유의미한 관계를 맺지 못하며 상당 수준의 외로움을 호소한다. 접속이 쉬워졌지만 연결은 더 약해졌다.

포르노그래피처럼 형성된 웹

앨런 노블은 『나는 나의 것이 아니다』(*You Are Not Your Own: Belonging to God in an Inhuman World*)에서, 온라인 포르노가 단순히 정욕에서 비롯된 행동이 아니라고 중요하게 지적한다. 그것은 능력에서 나오는 행동이라는 것이다. 컴퓨터는 참신성과 소비에 대한 인간의 갈망에, 언제든 무엇이든 만들 수 있는 전례 없는 능력을 부여했다. 노블이 "인터넷이 포르노그래피를 바꾸어 놓았다."라고 말한 이유도 바로 그 때문이다.

선택의 힘을 생각해 보라. 오늘날 우리는 거의 모든 판타지에 대한 선정적인 묘사를 찾을 수 있다. 꿈꾸는 대로 찾을 수 있다. 3분이면 공짜로 찾아서 볼 수 있다. 그 판타지에 질리면 삭제하고 새로운 뭔가를 찾을 수 있다. 인간은 언제나 온갖 종류의 성적 시나리오를 상상해 왔다. 하지만 그 성적 시나리오를 실현하기 위해서 우리는 지독히 포악한 군주가 되었다. 지금 우리 모두는 로마 황제 칼리굴라(Caligula)의 힘을 가지고 있다.[7]

노블은 이렇게 결론을 맺는다. "현대 포르노가 개인 사용자를 우주의 중심에 놓는다. 우리는 마치 신처럼 원하는 모든 판타지를 추구할 자유를 얻었다."[8] 그가 옳다. 하지만 우리는 중요한 것을 알아차려야 한다. 당신이 보고 싶은 것을 찾는 능력, 끝없이 공급되는 새로운 소모품에 대한 접근 가능성, 환상을 현실로 만드는 무한한 자유 등은 '포르노'뿐 아니라 온라인 세계 전반의 특징이다.

우리가 지금 포르노그래피가 아니라, 자기 개발 조언이나 인생 전문가에 대해 이야기하고 있다고 생각해 보자. 앞에 나온 노블의 인용문에서 포르노에 대한 언급을 다른 것으로 대체하면 사실이 아닌가? 그렇지 않다. 심지어 포르노그래피 대신 기독교 가르침을 넣어도 말이 된다.

현대 웹 사용자에게 그들이 원하는 종류의 기독교 가르침을 추구할 신과 같은 자유가 있다고 해도 맞는 말일 것이다. 당신에게 꼭 맞는 무언가를 찾아서 지루해질 때까지 사용하다가 또 다른 것을 찾아가는 것이 온라인 생활의 '일상적인' 리듬과 습관이라고 해도 맞을 것이다. 다시 말해, 온라인 포르노그래피의 사용을 뒷받침하는 세계관은 웹 전체의 배후에 있는 세계관과 같다.

다시 한번, 내 의도가 아닌 것을 분명히 하려 한다. 나는 웹에 있는 '모든 것'이 포르노그래피라고 말하는 것도 아니고, 온라인에서 시간을 많이 소비하는 사람은 모두 비밀리에 포르노그래피를 보거나 곧 보게 된다고 말하는 것도 아니다. 웹이 포르노그래피처럼 형성되었다는 말은 웹이 본질적으로 노골적이거나 죄악되었다는 뜻이 아니다. 오히려 핵심은, 끊임없는 참신성과 지속적인 소비, 무제한의 능력이라는 디지털 전례가 포르노그래피를 우리 마음과 습관에 더 그럴듯하게 만든다는 것이다.

웹의 영적 서식지에서는, 포르노를 보는 것이 자연스럽게 느껴진다. 이는 우리가 디지털 기술 전반과의 관계를 어떻게 생각하느냐에 영향을 미칠 뿐만 아니라, 우리가 정욕과의 싸움에서 서로 어떻게 훈련하느냐에 매우 중요한 의미가 있다. 많은 그리스도인이 이 싸움에서 매우 절망스러워한다.

이는 포르노그래피를 '합의한 성인 전용'으로 제한하려는 우리의 노력이 끔찍하게 실패하는 이유를 설명하는 데도 도움이 된다. 제대로 정신이 박힌 테크 기업 CEO라면 어린아이들에게 노골적인 포르노를 보여 주는 것이 좋다고는 말하지 않을 것이다. 여덟 살짜리들이 웹사이트에서 성과 신체에 대해 배우도록 허용해도 좋다고 주장하는 정치인도 없을 것이다. 아이들에게 이런 내용을 금지해야 한다는 데는 모든 사람이 동의한다. 그런데도 해마다 점점 더 많은 아동이 이런 내용을 보게 된다. 왜일까? 웹의 포르노그래피 같은 성격이 가장 단순하면서도 정확한 설명이다. 온라인 포르노가 제한 구역에 머물지 못하는 이유는 그것이 탈출하도록 설계되었기 때문이다.

내가 최근에 본 가장 충격적인 사례는 〈월 스트리트 저널〉(*Wall Street Journal*)에서 여러 차례에 걸쳐 보도한 소셜 미디어 앱 틱톡(TikTok) 실태 조사였다. 〈월 스트리트〉 기자들에 따르면, 앱이 사용자에 대해 학습하여 더 적절한 콘텐츠를 제공하게 하는 고도로 정교한 시스템인 틱톡 알고리즘은 스크롤을 잠시 멈추는 찰나의 순간까지 포착하도록 프로그램되었다. 사용자가 여러 동영상을 스크롤하는 사이에 특정 동영상에서 속도가 '느려지면' 그와 비슷한 동영상을 추천하는 알고리즘이 작동된다.

〈월 스트리트〉는 앱에 가짜 계정을 만들고 그 계정이 특정 추천 영상에 반응하도록 프로그래밍했다. 그 결과 여러 계정이 점점 모호한 비주류 채널에서 시간을 허비했는데, 그중 다수는 성적으로 노골적인 내용을 다루었다. 〈월 스트리트〉는 틱톡 알고리즘이 처음에는 전혀 이런 내용을 추천하지 않았음에도, 더 외설적인 '성인' 콘텐츠로 여러 계정을 몰아가는 것을 발견했다. 추천을 하나씩 따라가다 보니 이 계정들은 점점 더 일반적인 내용보다는 훨씬 더 극단적인 틱톡 코너에 도달했다.[9]

청소년에게 안전하다고 알려진 웹사이트에서도 온라인 포르노가 우세한 경향이 있다. 물론, 자녀가 핸드폰으로 무엇을 하는지 알지 못하는 부모도 있다. 테크 기업 측에서 성적 대상화로 인한 이익을 거부해야 할 윤리적 의무를 포기한 탓이기도 하다. 하지만 이것이 웹 자체의 작동 방식이기도 하다. 웹은 한 사람의 인생을 그 자체를 마음대로 소모하고 조절할 수 있는 것으로 만드는 영적 서식지다.

빛 가운데로

끝없는 참신성, 무제한의 소비, 신과 같은 능력이라는 가상 세계는 강력한 마법을 펼칠 수 있다. 하지만 언젠가 그 즐거움은 빛이 바랜다. 온라인 포르노 시대는 더 해방된 세대, 더 성적으로 모험적인 세대를 낳지 못했다. 오히려 정반대 결과를 초래했다.

현대 사회학자들은 그들이 '성의 대침체'(Great Sex Recession)라고 명명한 현상을 목도하고 있다. 이는 요즘 젊은이들, 특히 젠지(Gen-Z) 세대가 짝을 찾지 못하고 결혼도 하지 않고 심지어 성관계도 하지 않는 인구 통계학적 변화 추세를 가리킨다. 그러는 사이, 미투 운동의 여파로 많은 미국 젊은이가 관계와 성에 대한 혼란과 두려움을 표현하고 있다.

미국 성인기의 이런 침체 현상 중심에 온라인 포르노가 자리한다. 온라인 포르노의 유혹에서 벗어나지 못하는 수많은 젊은 남성이 거기에 사로잡혀 있다. 또한 점점 더 많은 젊은 여성에게 포르노의 조작과 왜곡은 자기 몸에 대한 정상적이지만 치명적인 기대를 갖게 한다.

그러나 온라인 포르노의 배후에는 그것을 지지해 주도록 설계된 구조가 자리하고 있다. 포르노 콘텐츠는 양심을 불태우고 전 세계 피해자를 착취하고 있다. 하지만 이 콘텐츠 배후에 있는 정신은 우리 삶을 거침없이 지배하는 상업화와 소비의 정신과 동일하다. 온라인 포르노가 사용자를 무해한 환상으로 초청하여 아무런 거절이나 헌신 없이 아름다운 신체를 소비하게 하듯이, 우리가 정체성과 개념과 견해, 심지어 고립 가운데 서로를 소비하는 동안 웹 자체가 이 환상을 우리 마음속에 키우도록 돕는다.

이 디지털 전례들이 강력한 까닭은 컴퓨터화된 세상을 살아가는 우리의 관심을 점점 더 빼앗아 가기 때문이다. 그런데 이것들이 만든 영적 서식지는 우리가 그 밖에서 시간을 보내고 있을 때 우리 마음을 훨씬 더 느슨하게 붙든다.

지난 몇 해 동안, 나는 온라인 포르노와 씨름하고 있는 다수의 남성과 대화를 나누었다. 이 유혹을 완전히 극복한 것은 아니지만, 이 영역에서 유의미한 패배를 경험한 적 없는 여러 남성과도 이야기했다. 이 두 집단은 많은 면에서 다르지만, 한 가지 특징은 온라인 포르노와 씨름하는 남성들은 대체로 온라인에서 시간을 많이 보내는 반면에 그렇지 않은 남성들은 오프라인에서 더 많이 시간을 보내는 경향이 있었다.

물론 소셜 미디어를 피한다고 해서 더 거룩한 사람이 되는 것은 아니다. 주기적으로 웹 세계에 빠지는 일은 우리 마음에 영향을 미치고, 우리를 흥분시키고 고상하게 만들 무언가를 갈급하게 만들며, 우리가 사는 세상의 크기를 축소하여 이 가상의 연인들이 더 현실감 있게 다가오게 한다. 우리가 이 영적 서식지를 벗어날 때에야 비로소 이 환상을 있는 모습 그대로 볼 수 있게 된다.

어떤 것이 가까울수록 타당하게 느껴지는 경향이 있다. 솔로몬은 잠언 7장에서 "젊은이 가운데에 한 지혜 없는 자"(7절)를 보았다. 그 사람은 결국 불륜을 저지른다. 그는 무엇 때문에 몰락했는가? 그의 문제는 성이 아니라 장소에서부터 시작된다. "그가 거리를 지나 음녀의 골목 모퉁이로 가까이하여 그의 집 쪽으로 가는데 저물 때, 황혼 때, 깊은 밤 흑암 중에라"(8-9절). 그가 음녀의 "호리는 말"(21절)을 듣게 된 이유는 욕구가 강하고 날이 저물 때 그 여자의 집 가까이 가기로 했기 때문이다. 사내는 그때 가서도 거부할 수 있었을까? 물론이다. 하지만 밝은 대낮에 주변에 이웃이 있더라면, 불륜이 얼마나 어리석은 행동인지 확실히 느끼고 훨씬 수월하게 유혹을 거절했을 것이다. 황혼 때 이 여인의 집을 지나가기로 한 남자의 결정은 정욕을 정욕이 아닌 것으로 보이게 만드는 특정한 서식지에 들어서기로 한 결정이었다.

하나님이 주신 선한 세상은 정욕의 매력을 뒤엎는다. 온라인에서 찾은 무언가가 우리 주위를 분산시키거나 우리를 충분히 만족시키기를 바라며 무기력하게 불안해하는 순간이 바로 우리가 약해지는 순간이다. 눈 덮인 산이나 하얀 백사장, 우리가 사랑해 마지않는 친구들과 가족 같은 아름다움에 둘러싸여 있을 때는 그렇지 않다. 그런 순간에, 우리는 자신에게서 벗어난다. 대부분의 경우, 그런 순간에 무의미한 스크롤을 생각하는 것만으로도 터무니없고 비도덕적이라고 느낀다.

마찬가지로, 하나님이 허락하신 것을 주변에 나누는 방식으로 만들고 공부하고 일하고 섬기면서 충만한 하루를 보내고 나서 기분 좋은 피로감을 느낄 때는 신과 같은 자유에 대한 불타는 욕망으로 컴퓨터 앞에 앉지 않는다. 오히려, 일상의 사소한 일로 좌절하거나 아무도 알아주는 사람이 없다고 두려워하면서 자신의 마음에 갇혀 수일이나 수주가 지났을 때 우리 안에 그런 욕망이 일어난다. 만약 하나님이 창조하신 빛 가운데서 살아가고 일하고 공부하고 사랑한다면, '평범한' 날에도 초월적인 목적과 의미를 느낀다면, 신기루 같은 온라인 포르노는 아주 사소하고 어리석게 느껴질 것이다.

그래서 신약 성경은 성적 부도덕의 반대가 금욕적인 저항이 아니라 사랑이라고 자주 말하는지도 모르겠다. 바울은 유명한 골로새서 3장에서 그리스도인들에게 "땅에 있는 지체를 죽이라 곧 음란과 부정과 사욕과 악한 정욕과 탐심이니 탐심은 우상 숭배니라"(5절)라고 말한다. 이어지는 본문에서 바울은 그리스도인들이 '입어야' 할 것을 다음과 같이 쓴다.

> "그러므로 너희는 하나님이 택하사 거룩하고 사랑 받는 자처럼 긍휼과 자비와 겸손과 온유와 오래 참음을 옷 입고 누가 누구에게 불만이 있거든 서로 용납하여 피차 용서하되 주께서 너희를 용서하신 것 같이 너희도 그리하고 이 모든 것 위에 사랑을 더하라 이는 온전하게 매는 띠니라 그리스도의 평강이 너희 마음을 주장하게 하라 너희는 평강을 위하여 한 몸으로 부르심을 받았나니 너희는 또한 감사하는 자가 되라 그리스도의 말씀이 너희 속에 풍성히 거하여 모든 지혜로 피차 가르치며 권면하고 시와 찬송과 신령한 노래를 부르며 감사하는 마음으로 하나님을 찬양하고"(골 3:12-16).

음란과 부정과 악한 정욕의 대안은 긍휼과 자비와 겸손과 온유와 오래 참음이다. 용서와 사랑과 감사, 가르침과 노래다. 이 모두에는 무엇이 필요한가? 다른 사람들이다. 여기가 바로 포르노그래피라는 전염병과 소비라는 디지털 전례가 겹치는 지점이다. 둘 다 하나님 말씀이 사랑으로 우리를 채워 주셔야 할 마음의 구멍이다.

우리는 다른 사람들을 알고 그들에게 우리를 알려야 한다. 또 우리에게는 격려하고 책망하며 함께 슬퍼해 줄 얼굴과 목소리가 필요하다는 겸손한 고백이 필요하다. 물론, 사회화만으로 마법같이 정욕이 치유된다거나 기술을 제자리에 유지할 수 있는 것은 아니다. 그러나 성적 중독이든 인터넷 중독이든 그 중독의 어둠은 열린 창으로 들어오는 햇빛 앞에서는 맥을 못 춘다.

이 주제와 관련하여 내가 가장 좋아하는 글은 존 파이퍼(John Piper) 목사의 글이다. 그는 1990년의 한 설교에서, 하나님의 선한 세계라는 빛이 어떻게 우리를 포르노그래피의 환상에서 치유할 수 있는지에 대해 정곡을 찔렀다. 그가 이 설교를 한 시기는 인터넷이 대중화되기 이전이지만, 어쩌면 그때보다 지금 더 적절한 말씀일지 모른다.

여러분은 음란물을 파는 서점에 창문이 없는 이유를 아십니까? 혹은 도심의 특정 나이트클럽에 창문이 없는 이유를 아시는지요? "밖에서 사람들이 공짜로 들여다보지 못하게 하려고요."라고 대답하는 분들이 계실 듯합니다. 그 이유가 전부는 아닙니다. 다른 이유는 과연 뭘까요? 안에 있는 사람들이 하늘을 보지 못하게 하기 위해서입니다. 하늘은 정욕의 적입니다. 여러분의 경험을 한번 돌아보시기 바랍니다. 하늘은 정욕을 거스르는 가장 큰 힘입니다. 순수하고 사랑스럽고 온전하고 강하고 관대한 것들은 성적 환상과 동시에 영혼에 거할 수 없습니다.

십대 시절과 대학생 때 이런 문제들로 고민했던 기억이 있습니다. 저는 그 당시에 가장 효과적으로 싸울 방법을 알고 있었습니다. 지금은 매우 효과적으로 입증된 다른 전략을 수년에 걸쳐 개발했습니다. 그중 한 가지가 어두운 곳에서 빠져나오는 것이었습니다. 혼자 있는 방을 벗어나는 것이죠. 고립된 장소에서 나오세요. 나와 내 마음, 내 상상력, 그것으로 내가 할 수 있는 일 같은 좁은 공간에서 벗어나 색채와 아름다움, 크고 아름다운 것들에 둘러싸인 곳으로 가십시오…크고 아름다운 것에는, 성적인 것을 상상하며 보잘것없고 작고 천박하게 마음을 사용하지 않도록 우리를 도와주는 힘이 있습니다.[10]

위대하고 큰 것에는 정말로 어떤 힘이 있다. 우리는 그것을 위해 창조되었다. '그분'을 위해 창조되었다.

08

디지털 전례 5: 무의미함
미누샤, 순간의 사소함

바깥에는 어둠이 있고, 내가 죽으면 내면에도 어둠이 있을 것이다. 어디에도 장엄함이나 광활함은 없고, 순간의 사소함만이 있을 뿐, 그 후에는 아무것도 없다.

버트런드 러셀(Bertrand Russell)

무신론 철학자 버트런드 러셀이 살아서 인터넷 시대를 맞이했더라도, 모든 존재가 '순간의 사소함'으로 귀결된다는 그의 판단은 바뀌지 않았을 것 같다.[1] 신도, 사후 세계도 없고, 영원한 존재는 아무것도 없다고 확신했던 러셀은 말년이 다가올수록 자각이란 농담에 지나지 않는다고 느꼈다. 이런 전제에 반대할 사람이 누가 있겠는가?

물질만이 존재한다면, 한 사람의 몸의 기능이 생물학적으로 중단되면 모든 게 끝이다. 직업, 여가, 관계, 사고, 학습, 사랑까지도 마지막 신경 세포가 활성화되면서 사라질 것이다. 인간 역사의 99.9퍼센트에 해당하는 심연을 들여다보면서도 모든 선물, 모든 즐거움, 모든 희망의 순간을 무의미하고 사소한 일로 여기지 않을 방법은 무엇일까?

오늘날 이 세상의 대다수 사람은 러셀의 무신론을 수용하지 않으며, 그것을 수용하는 대다수조차도 모든 생명을 '순간의 사소함'으로 묘사하는 데까지 나아가지는 않는다. 우울한 허무주의 철학은 인기가 없다.

하지만 러셀이 이 부분에서 묘사한 감정은 사실 그리 이해하기 어렵지 않다. 실제로, 인생이 어둡고 무의미하다는 느낌이 오늘날 서양에서 가장 급속히 확장되고 있는 정서라고 믿을 이유는 충분하다. 특히 젊은이들 사이에서 불안과 우울증 진단이 급격히 증가한 데서 그 영향력을 확인할 수 있다.

자살예방연구소에 따르면, 15-24세 사이 청소년들의 자살률은 15퍼센트에 육박했다. 그리고 2020년에 자살은 10-14세 청소년들의 사망 원인 2위, 15-24세 청소년들의 사망 원인 3위였다.[21] 이 자료를 연구한 거의 모든 사람이 그 이유를 알고 싶어 한다. 왜 앞날이 창창한 젊은이들이 삶에 절망을 느끼기 시작했을까? 이 질문에 합의된 답을 도출하기란 쉽지 않다.

일부 문화 분석가들은 MZ세대가 부모보다 더 암울한 경제적 전망을 지닌 미국 역사상 첫 세대라고 말하면서 경제 문제를 지적한다. 어떤 분석가들은 911 테러나 2008년 경제 위기, 코로나19 유행 같은 국가적 트라우마를 지적하기도 했다. 이런 사건들이 젊은 세대에게 절망감이나 두려움을 주입했을지도 모른다는 것이다. 또한 많은 그리스도인은 청년들 사이에 자해가 급증한 현상에 대해 공공 광장에서 종교가 상실되었기 때문이라고 한탄했다. 그 때문에 젊은이들의 삶에서 초월적인 정체성과 목적이 사라졌다는 설명이다.

세 가지 설명 모두 타당성이 있을뿐더러 서로 보완적이기도 하다는 점이 중요하다. 일이나 교육이 자기 삶의 질에 유의미한 차이를 만든다고 믿지 않는 사람들은 그 일이나 교육의 의미에 당연히 의문을 품기 시작할 것이다. 세상을 뒤흔든 사건들은 우리를 불안하게 하고 미래를 비관적으로 생각하게 만들기 마련이다. 예측 불가능하고 충격적인 현실에서, 영원하신 하나님과 사후 세계에 대한 소망은 세속주의가 대체할 수 없는 위안과 확신을 준다. 이 모든 요인이 오늘날 서양 사회에서 확실히 작동하고 있다.

하지만 덜 논의되는 또 다른 가능성도 있다. 진 트웬지 같은 연구자들이 보여 주었듯이, 십대와 청년 사이에서 정신 건강 위기를 스스로 보고하는 일이 늘어나는 현상과 스마트폰 기술의 보급 및 사용의 상관관계를 주목해야 한다. 역설적으로, 소셜 미디어 플랫폼이 성장하고 인기를 얻으면서 외로움과 타인에게서 소외감을 느낀다고 말하는 사람들이 엄청나게 증가했다. 말 그대로 접속 가능성으로 정의되는 현대 사회에서 허다한 사람들이 단절감을 느낀다. 의미 있는 일과 관계로부터, 삶에 대한 안정된 목적의식으로부터 단절되었다고 느낀다. 우리 일상의 모든 영역으로 침투한 웹의 장악력은 겉으로는 우정과 효율성과 재미를 가져다준다고 약속하지만 되려 특정한 종류의 절망, 곧 (버트런드 러셀에게는 매우 미안하지만) '순간의 사소함과 아무것도 아닌 것'을 가져다주는 것으로 판명되었다.

"나는 인간이었다"

앤드루 설리번(Andrew Sullivan)이 2016년에 쓴 에세이 "나는 인간이었다"(I Used to Be a Human Being)만큼 이런 절망을 낳는 디지털 시대의 힘을 더 잘 묘사한 글은 없을 것 같다.

인터넷에서 가장 오래되고 가장 왕성한 활동을 한 정치 블로거 중 한 사람인 그는 온라인 작가로서 진지하고 수익성 있는 경력을 쌓았다. 수십 년 동안 설리번은 가장 재미있고 반응을 이끌어낼 만한 콘텐츠를 찾기 위해 매일같이 웹을 샅샅이 뒤졌다. 그러고 나서 그에 대한 반응을 한두 문장에서부터 여러 장에 달하는 글에 담아 자신의 블로그에 게시했다. 설리번은 자신이 "요즘 흔히 말하는 '인터넷에서 사는' 삶의 얼리어답터"였다고 쓴다. 페이스북과 트위터 같은 사이트가 콘텐츠를 '보관하고', 최신 소식을 알기 위해 이런 플랫폼들을 반복해서 확인하는 일이 일과에서 중요한 부분을 차지하게 되면서 이런 삶의 양식은 갈수록 강화되었다.

수주, 수개월, 수년에 걸친 끊임없는 인터넷 활동은 설리번을 그 누구보다도 더 성공한 블로거로 만들어 주었다. 하지만 결국에 그는 무언가 잘못되었음을 깨달았다. 인터넷이 그의 사고를 형성하기 시작했고, 그러면서 그는 아날로그의 삶은 거의 불가능하다고 느끼기에 이르렀다.

책을 읽으려고 애써 봤지만, 이제 독서 기술은 내게서 멀어지기 시작했다. 두어 페이지를 읽고 나면 저절로 키보드 쪽으로 손이 갔다. 명상도 해 봤지만, 마음을 가라앉히려고 할수록 더 흔들렸다. 하루에 한두 시간 투자하는 꾸준한 운동 루틴만이 내게 안도감을 주었다. 하지만 구석구석 침투하는 이 가상 세계에서 시간을 보낼수록 온라인의 소음은 갈수록 커져만 갔다. 날마다 노트북 앞에 앉아 홀로 고요히 시간을 보냈지만, 말과 이미지, 소리와 생각, 감정과 장광설의 끝없는 불협화음 속에 있는 듯 느꼈다. 귀청이 터질 것만 같은 치명적인 소음을 내는 풍동 장치 같았다. 나도 잘 알고 있듯이, 그중 많은 부분이 거부할 수 없는 것이었고, 그 기술의 대부분은 돌이킬 수 없었다. 하지만 이 새로운 삶의 방식이 삶이 아닌 방식(a way of not-living)이 될까 봐 두려워지기 시작했다.[3]

설리번이 에세이에서 들려주듯이, 디지털 환경에 쉼 없이 몰두한 결과로 의도치는 않았지만 고요함과 고독을 고통스럽게 만드는 효과를 낳았다. 설리번의 이야기는 현대 수도원에서 피난처를 찾는 데서 끝난다. 그는 거기서 자신의 기구들과 분리되면서 겪는 '극단적인 고통'을 상담받는다.

대단히 흥미롭게도, 이 에세이는 개인의 변화가 아니라 좌절로 끝을 맺는다. 설리번은 이제 다시 디지털로 연결된 환경에 둘러싸이니 자신이 새롭게 발견한 명상 습관을 꾸준히 실천하는 일이 거의 불가능하다고 인정한다. 설리번은 다른 누구보다도 자기 자신을 향해 이런 결론을 내린다. "이 위협은 우리 영혼에 대한 위협이다. 이대로 소음이 줄어들지 않는다면, 우리는 영혼이 있다는 사실조차 잊어버릴지 모른다."[4]

설리번은 보기 드물게 자기 생각을 확실히 표현하는 작가다. 하지만 그가 여기서 설명하는 경험은 보기 드물지 않다. 실제로, 내 또래 친구들 사이에서는 소음으로 가득한 눈에 보이지 않는 방에 갇힌 듯한 느낌을 호소하는 이들이 많다. 우리는 점점 더 이런 말로 서로 위로한다. 책 한 권을 끝내기가 너무 힘들다고, 자녀들과 함께 있을 때도 핸드폰을 들여다보느라 주의가 산만해진다고, 화면을 스크롤할 수 없을 때 얼마나 불안한지 모른다고 말이다. 이런 정서를 호소하는 이들이 너무 많아서 요즘에는 사람들이 핸드폰을 사용하지 못하도록 도와주는 제품과 서비스가 등장했다(나도 이 책을 쓰면서 그런 앱을 사용했다!). 웹, 소셜 미디어, 스트리밍의 사용이 증가하고 디지털에 주의를 빼앗기면서, '소음'이 우리 영혼에 영향을 미치고 있다는 인식도 덩달아 커지고 있다.

디지털 생활이 일상이 되었음에도, 우리는 무언가 비정상적인 일이 벌어지고 있다는 느낌을 떨쳐 버리지 못하는 듯하다. 설리번의 에세이 제목은 이 점을 강하게 드러내는데, 많은 사람이 우리 인생의 한때, 지금과 같은 소음이 들리지 않았던 그때를 기억하는 것 같다.

우리는 모르는 사람과 우리 자신을 비교하지 않던, 기준 미달이라는 불안감과 싸우지 않던 날들을 기억한다. 좋은 것들을 사진으로 남기거나 방송하지 않고도 충분히 즐길 수 있었던 때를 기억한다. 자기 자신을 잊어버릴 정도로 외부의 무언가에 푹 빠져 있던 느낌, 진짜로 벌어지고 있는 일에 주의를 기울이며 얻는 순수한 기쁨을 기억한다. 완전히 자기를 잊는 데서 오는 즐거움 말이다.

이런 경험이 지금도 가능하기는 하지만, 훨씬 더 힘들어진 것 같다. 그리고 우리가 과거보다 덜 인간적이라는 불안과 죄책과 좌절감은 우리를 다시 화면 앞으로, 잠시나마 생각을 멈출 수 있는 피드로 끌고 간다.

『아메리칸 헤리티지 영어 사전』(*American Heritage Dictionary*)은 '미누샤'(minutiae)를 "작거나 사소한 세부 사항"으로 정의한다.[5] 아마 눈치챘겠지만, 이 단어에서 'minute'가 나왔다. 이 단어는 두 가지로 다르게 발음할 수 있다. '마이누트'라고 발음하면 구분하기 힘들 정도로 아주 작다는 뜻이고("가까이서 들여다보면 가구에 난 '아주 작은' 흠집을 볼 수 있다."), '미니트'라고 발음하면 60초를 뜻한다. 따라서 어원적으로, '미누샤'는 공간적으로 작다는 개념뿐 아니라 아주 작은 시간도 환기시킨다. 또 '미누샤'는 덧없음을 의미한다. 사도 야고보에 따르면(약 4:14) 우리 삶은 '안개'와 같다. 한데 합쳐져서 미누샤(우리 날들의 상세한 세부 사항과 그것들을 측정하는 시간)가 우리 삶을 구성한다. 하지만 따로따로 떨어지면 미누샤는 덧없다. (말 그대로) 1분은 있다가 사라진다.

특히 젊을 때는 미누샤를 비난하기 쉽다. 몇 해 전에 따분한 자기 인생에 싫증 난 어느 젊은이에 대한 우화를 읽었다. 젊은이는 날마다 내일 무슨 일을 할까 백일몽을 꾸었다. 인생의 '최고'를 경험하고 싶었지만, 학교와 집안일 같은 구질구질한 일상이 발목을 잡는다고 느꼈다.

그러던 어느 날, 한 신비로운 낯선 사람이 그에게 마법의 실뭉치를 건넸다. 실뭉치를 잡아당기면 시간을 빨리 가게 할 수 있었다. 유난히 지루했던 학교 수업 시간에 젊은이는 실을 잡아당겼고 순식간에 학교가 끝났다. 이 마법에 중독된 그는 점점 더 실을 많이 잡아당겼고 그렇게 인생의 중요한 부분을 '건너뛸' 수 있었다. 그렇게 결국에는 실이 다 떨어졌고, 그는 인생을 건너뛴 덕에 추억이 거의 없는 노인이 되어 버렸다. 그제야 그는 평범한 삶의 기쁨을 그냥 흘려보내기로 한 결정을 한탄했다고 한다.

나는 이 우화가 오랫동안 마음에 남았다. 하지만 나이가 들면서, 특히 디지털 시대를 살아가면서, 이제는 오히려 이와 반대에 가까운 유혹을 받는다. 앞으로의 일을 건너뛰기보다는, 사소한 업데이트와 사소한 논쟁, 사소한 새 소식 하나하나가 내 관심을 사로잡고 놓아주지 않는 소셜 미디어 서식지에 사는 경향이 있다.

인생에서 가장 의미 있는 순간이 아니라, 나와 관련이 있든("저 사람이 어떻게 저렇게 말할 수 있지?") 없든("저 사람이 어떻게 그렇게 행동하거나/믿거나/그렇게 행동하거나 믿는 사람과 친구가 될 수 있지?") 최신 온라인 '이슈'가 내게서 가장 강력한 생각과 감정을 끌어낸다. 친구의 초대에는 시큰둥해도 새 글 알림에는 흥분한다. 새 책은 읽지 않고 팽개쳐 둬도 유튜브의 똑같은 영상은 계속해서 들여다보게 된다. 앤드루 설리번처럼 나도 '소음'에 포위되어 있다고 느낄 때가 자주 있다. 우리는 사소한 것이 지배하는 시대에 살고 있다. 그것들은 몇 년 단위가 아니라 덧없는 순간마다 우리 마음과 생각을 사로잡는 지극히 작은 기기들에 펼쳐져 있다.

산만함, 불만족, 혼란

우리를 둘러싼 웹은 사소한 것들의 방대한 원천이다. 온라인에서는 인생을 뒤바꾸는 중요한 일들이 생길 수 없다는 뜻이 아니다. 당연히 그럴 수 있다. 그보다는 웹상의 사소한 것들이 우리의 평범한 일상과 습관을 훨씬 더 지배하고 있다는 사실을 이해하는 것이 중요하다.

지난 수십 년 사이에 진행된 핸드폰의 변화가 이를 잘 설명해 준다. 2000년 무렵에는 대다수 핸드폰이 상호 의사소통을 위한 기기에 걸맞은 형태였다. 사용자의 귀와 입에 자연스럽게 닿는 플립폰이 제작되었다. 이와 대조적으로, 스마트폰의 대형 유리 화면은 '들여다볼' 수 있게 설계되었다.

스마트폰 화면은 사용자에게 여러 앱을 보여 주는데, 대부분은 전화 통화처럼 다른 사람과의 긴밀한 의사소통을 유도하는 것이 아니다. 오히려 타인과의 접촉이 전혀 불필요한 앱이 많다. 이는 '디자인'이 '의미'를 형성하는 또 다른 예다. 핸드폰이 우리를 산만하게 하는 사소한 것들을 대량 생산해 내는 주요한 이유는 그것이 그렇게 설계되었기 때문이다.

현대인들이 산만함을 토로하는 경우는 흔하다. 다른 많은 사람처럼 나도 아이들을 양육하면서 집중력을 떨어뜨리는 이 문제에 맞닥뜨려야 했다. 거의 날마다, 아이들이 관심을 가져 달라는데도 어느 순간 무의식적으로 핸드폰을 만지작거리는 나를 발견하곤 한다. 인정하기 부끄럽지만, 내가 집중해야 할 문제가 딱히 없는데도 "놀아 주세요."라거나 "아빠, 여기 좀 보세요."라는 소리를 무시하기가 얼마나 쉬운지 모른다.

사실, 솔직히 말해서 대부분의 경우가 그렇다. 내가 웹에 보이는 관심의 상당 부분은 어떤 요청이 있어서가 아니다. 내 관심을 받을 만한 가치가 전혀 없다. 그냥 저절로 손가락을 놀리는 것이다. 이 특정 이메일에 긴급한 회신이 필요하지 않다. 사실 답신할 필요가 전혀 없는지도 모른다. 이 특정 인스타그램이나 트위터 게시물을 지금 당장 보아야 하는 것도 아니다. 이 글은 내일도, 모레도, 어쩌면 내년까지도 그대로 있을 가능성이 크다.

나는 지금 켄터키주 루이빌에 있는 한 커피숍에서 이 장을 쓰고 있다. 이 글을 쓰는 도중에 몇 번(적어도 대여섯 번)을 멈추고 스포츠 웹사이트나 트위터, 아마존을 열었다. 내가 응원하는 팀에 지금 당장 새로운 소식은 없다. 트위터는 스스로 차단한 상태고 비밀번호도 없으며, 아마존에 주문한 상품은 지난 몇 시간 동안 변함없이 '오늘 배송 예정' 상태다. 눈을 충분히 쉬어야 하니까 이런 잠깐의 딴짓이 꼭 필요하다고 말할 수 있으면 좋겠다. 하지만 내 앞에는 대형 창문이 있어서 이 도시에서 가장 번잡한 교차로를 내다볼 수 있다. 휴식 차원의 딴짓을 할 다른 것이 없는 게 아니다. 디지털 환경이 특히나 강력한 방식으로 내게 손짓하기 때문이다.

우리가 본능적으로 디지털 기기에 손을 뻗을 때 느끼는 불안감은 우리가 삶에 대해 생각하는 방식에 손쉽게 반영된다. 우리가 금세 빠져드는 산만함은 불만족, 곧 지루하고 고요하고 밋밋한 일상의 순간을 못 견뎌 하는 불안함으로 변한다.

인스타그램을 훑어 내려가면 아름다운 가족, 행복한 휴가, 멋진 체험이 끝없이 등장한다. 주의를 집중할수록 이 사진들은 우리에게 뭔가 잘못되었다고 알려 준다고 느낀다. 저 가족은 우리 가족이 아니고, 저 휴가는 우리에게 부담스럽고, 저 체험은 불가능하다. 이런 내용을 소셜 미디어에서 보는 것과 잡지나 텔레비전 프로그램에서 보는 것이 어떻게 다른지 알아차리는 것이 중요하다.

물론 우리가 그런 장소들에서 보는 화려한 생활에 미치지 못한다고 느낄 수 있지만, 잡지와 텔레비전 프로그램에서 보는 것은 다른 종류의 인생을 담은 스냅 사진으로 여기기 마련이다. 잡지를 펴거나 채널을 돌릴 때 눈에 들어오는 장면은 평범한 삶이 아니라고 생각한다.

소셜 미디어는 다르다. 소셜 미디어는 현실처럼 느끼도록 설계되었다. '라이프스타일 인플루언서'가 제품을 광고하면서 막대한 돈을 받는 이유가 그 때문이다. 팔로워들은 그들을 화려한 연예계가 아니라 '일상' 생활의 일부로 본다.

웹은 우리 일상과 우정, 교육, 오락과 밀접하게 엮여 있기 때문에, 웹은 우리 주변에 항상 존재하기(특정 장소를 찾아야만 체험할 수 있는 텔레비전이나 영화 화면이 아니라 항상 주머니 속에 있기) 때문에 소셜 미디어가 보여 주는 세상은 우리가 사는 세상의 일부로 느껴진다. 거기서 보는 콘텐츠의 대부분이 세심하게 계획되어 이런 반응을 끌어내기 위해 제작된 광고라는 것을 머리로는 알면서도 말이다. 서식지의 언어로 돌아가 보자면, 웹은 우리의 불안감과 불행을 실제보다 더 그럴듯하게 보이게 만드는 불만족의 서식지다.

그러나 불만족보다 더 교묘하고 더 중요한 것은 웹의 사소함이 주는 '혼란'이다. 산만함과 불만족은 그리스도인의 지혜로운 삶에 중대한 도전이다. 하지만 둘 다 원인이 아니라 증상에 불과하다. 산만하고 불만족스러운 삶의 배후에는 혼란스러운 삶이 있다. 깊은 소속감과 뿌리내림이 약점으로 느껴지고, 흩어지고 얄팍한 편재가 권력처럼 느껴지는 혼란스러움 말이다.

혼란은 우리가 있는 곳에 있지 않을 때 생긴다. 이상하게 보일 수 있지만 잘못 쓴 문장이 아니다. 우리가 정서적·정신적·관계적으로 부재한 곳에 물리적으로 존재할 때 혼란이 생긴다. 이것은 감금의 논리와 같다. 굶기거나 매를 때리는 것은 중대 범죄에 대한 정당한 형벌이 아니다. 다른 곳으로 보내서 자신의 의지에 반하는 곳에 강제로 머물게 해야 한다. 그래서 우리는 향수병을 얻는다. 우리가 속한 곳에 있지 않다고 느끼는 것이다.

인간은 이런 혼란을 느끼도록 설계되지 않았다. 우리가 정말 있는 곳에 있고 싶다는 내면의 필요, 곧 집을 찾으려는 욕구는 성경의 주요한 주제다. 타락한 이후로 아담과 하와는 그들이 창조된 곳, 하나님을 대신하여 일하라는 명령을 받은 곳에서 추방당했다. 하나님 백성은 때로는 벌을 받아, 때로는 시험의 일환으로 포로가 되어 방황한다. 하지만 아직 도달하지 못했을 뿐 그들을 위해 마련된 곳이 있다는 깨우침이 항상 뒤따랐다.

우리가 소속된 곳을 향한 갈망과 이런 혼란이 단순히 죄의 영향만은 아니다.[6] 인간으로 살아가기에 겪을 수밖에 없는 문제다. 우리는 그렇게 만들어졌다. 하나님이 그분의 형상대로 사람을 창조하시면서 몸을 지닌 구체적 존재로 만드신 것이 그분의 큰 계획의 일부임을 앞서 살펴보았다. 그래서 하나님의 지혜 아래 인간의 번영을 추구할 때 우리 몸은 중요하다. 우리는 몸을 지닌 사람이기에 그 결과로 '어딘가에 위치한' 사람이다. 몸이 우리에게 드러내는 특정한 방식으로 특정한 장소를 차지하도록 창조되었다. 존 클라이닉은 다음과 같이 아름답게 표현한다.

우리 몸은 여기 이 땅에서 하나님과 함께, 타인과 함께 일하도록 설계되었다. 수용하고 활동하도록 만들어졌는데, 하나님이 주신 생명을 받는 데 수용적이며 여기 이 땅에서 생명을 촉진하기 위해 하나님과 함께 일하는 데 활동적이어야 한다. 각각의 몸은 각자 해야 할 일이 다르기에 다양한 특징과 능력을 부여받았다. 그래서 남성의 몸을 지닌 나는 내 아내의 남편, 자녀들의 아버지, 손주들의 할아버지 역할을 할 수 있다. 나와 달리, 여성의 몸을 지닌 싱글은 타인에게 여성 친척과 여성 친구, 여성 간병인 등으로 섬길 수 있다…우리 모두는 세상과 사회에서 각자의 위치에 따라 다른 소명을 부여받는다. 남성으로서 내가 있을 곳은 오스트레일리아 애들레이드의 내 결혼 생활과 가족이다. 여기가 하나님이 나를 두셔서 내 아내와 자녀들과 손주들을 돌보면서 그분과 동역하게 하신 곳이다. 그분이 나를 고용하셔서 그 장소에서 하나님과 함께, 그 사람들과 함께 일하게 하신다.[71]

이는 한 사람의 정체성을 이해하는 구체적인 방법이다. 우리는 자신이 원하는 정체성을 찾기 위해 심오한 자기 분석과 성찰에 몰두하는 대신, 객관적으로 우리에게 해당하는 물리적 실재에 기초한 정체성을 '받을' 수 있다. 이 실재가 우리를 우리 자신과 일, 장소, 관계에 연결해 준다. 바로 지금, 내 몸이 여기 있기에 켄터키주 루이빌에 있는 한 아내의 남편, 두 아이의 아빠로 섬길 수 있다. 나는 싱글 남성이나 아내 역할은 할 수 없다. 아이가 없는 남자나 아이를 다 키운 남자처럼 살 수 없다. 여기가 아닌 다른 곳에서 살 수도 없다. 나는 한 남편과 아버지로서 여기 존재한다. 내 몸이 그렇게 말해 준다.

그런데 현대 기술의 발달로 내가 어느 특정 동네에 묶여 있지 않고 끊임없이 장소를 옮겨 가며 살 수 있다면, 항상 잠재적으로 이동 중이라면 어떻게 될까? 현대 기술의 발달로 내 몸과 내 주의가 분리되어 한 장소에 앉아서도 다른 곳에서 생각하고 말하고 배우고 일할 수 있다면 어떻게 될까? 이렇게 되면 장소라는 개념은 한물간 것처럼 느껴질 것이다.

굳이 답을 생각할 필요도 없다. 바로 지금 이 시나리오가 실현되고 있기 때문이다. 인터넷은 이제 모든 사람의 개인 전용기 창가 좌석이 되었다. 바깥세상을 부분적으로 차단하지만 매혹적인 시선으로 비쳐 주어서, 우리가 지금 있는 자리마저도 비행하며 스쳐 지나가는 것처럼 덧없고 일시적인 것으로 느껴지게 만든다. 그래서 우리는 관심도 없는 주제에 대해 모르는 사람들과 토론하는 일에 **빠져들게 된다**. 그래서 (먼 곳의 뉴스를 전해 줄 새 소식 알림을 기대하며) 핸드폰을 들여다보지 않고서는 선선한 가을 저녁이나 저녁 식사 데이트를 온전히 누리기 힘들다.

산만함에 중독되고 불만족에 힘들어하는 것은 이런 기기들이 우리를 지금 있는 곳이 아닌 다른 곳에 있다고 느끼게 만들어 준다는 사실을 드러낸다. 우리는 두 곳에 나뉘어 있다. 우리의 관심과 삶이 분열되어 있다. 그리고 가장 고요하고 솔직해지는 순간, 우리는 이렇게 하루하루를 살아가는 것이 지속 가능하지 않음을 깨닫는다. 우리는 이렇게 살도록 태어나지 않았다.

기쁜 소식이 있다. 이런 느낌 자체가 우리가 이렇게 살지 않아도 된다는 증거라는 것이다. 루이스는 우리의 가장 근본적인 욕구가 그것들을 만족시킬 수 있는 고차원의 실재를 아주 부분적이나마 드러낸다고 믿었다. 루이스는 "누군가가 배가 고프다는 사실이 그가 빵을 얻게 될 것임을 보증하지 못합니다. 그는 대서양의 뗏목 위에서 굶어 죽을 수도 있습니다. 하지만 사람의 굶주림은 그가 음식을 먹음으로 육신을 유지하는 종족이며 먹을거리가 있는 세상에 산다는 사실을 충분히 입증합니다."[8]라고 쓴다. 우리가 느끼는 산만함, 불만족, 혼란(과 이런 감각이 우리 일상에 끼치는 무자비하고 진을 빼는 영향)은 사실은 대안이 있다는 확신을 우리에게 주어야 한다.

다음 성경 말씀을 암송하는 독자들이 있을 것이다.

"끝으로 형제들아 무엇에든지 참되며 무엇에든지 경건하며 무엇에든지 옳으며 무엇에든지 정결하며 무엇에든지 사랑받을 만하며 무엇에든지 칭찬받을 만하며 무슨 덕이 있든지 무슨 기림이 있든지 이것들을 생각하라"(빌 4:8).

어렸을 때나 십대 시절에 이 구절을 외운 사람이 많을 줄 안다. 우리가 이 설교를 많이 들은 데는 그럴 만한 이유가 있다. 우리 마음을 지키는 방법 중에, 가장 분명하고 쉽게 적용할 수 있는 성경의 가르침이기 때문이다. 바울은 참되며 경건하며 옳으며 정결하며 사랑받을 만하며 칭찬받을 만하며 덕과 기림이 있는 것들을 생각하라고 간결하게 말한다. 여기서 우리는 디지털 시대의 사소함에서 벗어날 방법을 찾을 수 있다. 이물질은 걸러 내고 제대로 된 국물만 통과시키는 여과기처럼, 이런 자질들은 우리 마음을 사로잡아 산만함과 불만족과 혼란의 절망에서 벗어나도록 할 수 있다.

이 구절의 바로 앞 단락도 유명하지만, 대개 8절과는 별도로 다룬다.

> "아무 것도 염려하지 말고 다만 모든 일에 기도와 간구로, 너희 구할 것을 감사함으로 하나님께 아뢰라 그리하면 모든 지각에 뛰어난 하나님의 평강이 그리스도 예수 안에서 너희 마음과 생각을 지키시리라"(빌 4:6-7).

우리는 자신의 사고방식을 단련하는 것이 하나님의 평강이 우리 마음속 염려를 정복하느냐 하는 문제와 연결되어 있다는 가능성을 더 진지하게 묵상해야 한다. 그렇다면 두 본문, 곧 염려하지 말고 감사함으로 하나님께 아뢰라는 말씀(6-7절)과 너희 생각을 지키라는 말씀(8절)을 별개의 명령으로 읽지 않고, 같은 명령의 두 측면으로 해석한다면 어떨까? 진실, 경건, 정결, 기림이 특징인 우리 사고의 토대가 하나님의 평강으로 염려가 잠잠해진 마음이라면 어떻겠는가?

온라인 시대가 우리를 형성하는 다양한 방식을 살펴보면서, 웹의 가치와 습관의 지배를 받는 한에는 우리 마음에 평안이 없다는 사실을 계속해서 발견했다. 누가 됐든 우리가 좋아하거나 싫어하는 개인이나 집단에 지혜를 아웃소싱하면서 우리는 지적으로 방황한다. 유리 화면만큼이나 깨지기 쉬운 정체성을 끝없이 형성하면서 영적으로 방황한다. 인간의 친밀감을 소비하는 상품으로 바꾸면서 성적으로 방황한다.

디지털 기술은 신속성과 덧없음의 가치를 우리 영혼에 주입했다. 그 결과로 더 놀라운 제품과 우리가 사는 세상에 대한 더 큰 효율성과 통제력이 생겼지만, 숨 막힐 듯한 불안감이라는 큰 대가를 치르게 되었다. 연결된 시대는 외로운 시대. 생산성의 시대는 번아웃의 시대. 왜 그런가? 우리가 평안하지 못하기 때문이다.

하지만 평안을 약속하신 구세주가 우리와 함께하신다. "평안을 너희에게 끼치노니 곧 나의 평안을 너희에게 주노라"(요 14:27). 예수님의 평안은 우리가 디지털 서식지에서 통제를 행사하는 것과는 전혀 다르다. 오히려 우리 자신에게서 눈을 돌려 위를 볼 때 평안이 임한다. "다만 모든 일에 기도와 간구로, 너희 구할 것을 감사함으로 하나님께 아뢰라"(빌 4:6). 여기에 자신에게서 벗어나 그리스도를 바라보게 해 주는 물리적인 실천, 즉 기도가 있다. 우리에게 귀 기울이시는 선하신 마음, 그분께 속한 자들의 기도를 들으신다는 약속이 있다.

기도하면 산만함이 사라지고 집중할 수 있다. 수많은 호기심이나 지루함, 걱정의 안개 때문에 긴장을 푼다는 구실로 지나치게 디지털을 찾는 대신, "평안이 필요합니다. 예수님의 평안을 원해요."라고 말하고 그분께 나아간다. 하나님은 우리의 주의력이 얇게 펴 바른 버터처럼 흩어지는 것을 원치 않으신다. 그분은 예수님 안에서 우리에게 그분을 계시하셔서 우리가 그분을 알게 하시고, 의미와 정체성과 용서를 찾는 우리의 추구가 그분의 임재 가운데 끝을 맺게 하신다.

기도하면 불만족이 사라지고 확신할 수 있다. 복음 덕분에 우리는 염려에 대한 평안이 결국 우리에게 달려 있지 않다는 것을 안다. 우리가 어떤 영향력 있는 지위에 도달한 결과 우주의 왕이 그분의 평안을 허락하실 만큼 우리가 가치 있는 존재여서가 아니다. 바울은 빌립보 교인들이 기도할 때 하나님의 화평이 그들에게 임한다고 확실히 말할 수 있었다. 그의 십자가의 피로 화평을 이루신 분이 그것을 허락하셨기 때문이다(골 1:20). 디지털 서식지가 우리 삶을 왜소해 보이게 만들 때 그리스도는 우리 인생을 영광스럽게 보이도록 만드실 수 있다.

기도하면 혼란이 사라지고 제자리를 찾을 수 있다. 성경은 우리가 하나님께 간구할 때 그분의 평강이 임할 뿐 아니라 그리스도 예수 안에서 우리 마음과 생각을 지키신다고 약속한다. 우리는 하나님의 섭리 가운데 그분의 평강이 그리스도 예수 안에서 우리를 지키고 계신 것을 알 수 있는데, 우리가 바로 그리스도 예수 '안에' 있기 때문이다. "너희는 하나님으로부터 나서 그리스도 예수 안에 있고 예수는 하나님으로부터 나와서 우리에게 지혜와 의로움과 거룩함과 구원함이 되셨으니"(고전 1:30).

우리는 화면 반대편에서 끝없이 세상을 애타게 그리지 않아도 된다. 생각과 육체 사이에서 둘로 나뉘지 않아도 된다. 어디에 있든 그리스도 예수 안에 있기에 우리는 그 자리에 온전히 존재할 수 있다. 현 상황에 대한 어떤 것도 우리를 되돌리겠다고 위협할 수 없으므로, 우리는 하나님이 정하신 길에 있는 사람과 장소에 초점과 사랑을 향하기로 선택할 수 있다. 어디에 있든, 그리스도 안에서 우리는 항상 본향으로 향하고 있다.

참되고 옳고 사랑받을 만한 것들을 충분히 생각하는 삶은 하나님의 평강으로 철저히 해방된 삶이다. 우리가 그분의 평강을 구할 때 그 평강이 불안하고 화면에 지친 우리 영혼을 지키신다.

사랑받는 기독교 상담가 데이비드 폴리슨(David Powlison)의 한 가지 사고 실험이 내 인생을 완전히 바꾸어 놓았다. 폴리슨은 다른 그리스도인이 예수님 안에 있는 생명을 주는 놀라운 약속을 볼 수 있게 도우려고 애쓰다가, "반시편"(antispsalm)이라는 걸 썼다. 말 그대로 반대 관점에서 쓴 시편이다. 폴리슨은 시편 23편의 표현을 한 줄씩 가져다가 많은 사람이 날마다 일상에서 '느끼는' 바를 강조하는 시편으로 바꾸었다. "여호와는 나의 목자시니 내게 부족함이 없으리로다"(1절) 대신에 반시편은 이렇게 선언한다.

나는 혼자다. 아무도 나를 돌보거나 보호해 주지 않는다.

나는 끝없는 필요를 느낀다. 아무것도 옳지 않다.

폴리슨은 "반시편은 하나님이 시야에서 사라질 때마다 인생이 어떻게 보이고 어떻게 느껴지는지 들려준다."[9]라고 말한다. 그의 말이 옳다. 디지털 세상의 사소함은 이 반시편에 담긴 정서로 우리를 압도할 수 있다. 우리는 남과 비교해서 가치가 없다고 느낀다. 최대치로 아무리 용을 써 봐도 따라잡을 방법이 없는 것 같다. 전혀 엉뚱한 곳에 있는 느낌이다. 그러나 모든 지각에 뛰어난 하나님의 평강이 우리를 제자리로 돌려놓는다.

디지털 세상에서 정신없이 지나간 하루, 우리에게 필요한 것은 기도할 수 있을 정도로 충분히 오래 멈추는 것이다. 그분의 평강을 달라고, 우리가 있는 곳에서 우리를 돌보아 달라고, 푸른 초장에 염려하는 마음을 내려놓게 해 달라고 우리 창조주께 기도하는 것이다. 우리에게는 우리 삶의 모든 날 동안 우리를 쉴 만한 물가로 인도하시고 우리의 영혼을 소생시키시며 사망의 음침한 골짜기에서도 우리를 위로하시기로 계획하신 분이 필요하다. 푸짐하게 먹을 것, 우리를 환영하는 선하심과 인자하심, 영원히 살 곳이 필요하다.

그리고 하나님은 바로 그것을 우리에게 주신다.

"여호와는 나의 목자시니 내게 부족함이 없으리로다

그가 나를 푸른 풀밭에 누이시며

쉴 만한 물 가로 인도하시는도다

내 영혼을 소생시키시고

자기 이름을 위하여

의의 길로 인도하시는도다

내가 사망의 음침한 골짜기로 다닐지라도

해를 두려워하지 않을 것은

주께서 나와 함께 하심이라

주의 지팡이와 막대기가

나를 안위하시나이다

주께서 내 원수의 목전에서

내게 상을 차려 주시고

기름을 내 머리에 부으셨으니

내 잔이 넘치나이다

내 평생에 선하심과 인자하심이

반드시 나를 따르리니

내가 여호와의 집에 영원히 살리로다"(시 23:1–6).

결론

지혜와 저항의 습관

앞선 여덟 장은 당신에게 두 가지 진실을 설득하고자 쓰였다. 첫째, 성경은 우리가 창조주 하나님 앞에서 신실하게 열매를 맺으며 살아가는 데 필요한 지혜를 보여 준다. 둘째, 인터넷은 그런 지혜를 어리석게 보이도록 만드는 인식론적·윤리적 서식지다. 웹의 영향력을 깊이 파고들수록 우리는 그 영향을 더 자세히 볼 수 있다. 디지털 서식지와 성경의 지혜를 대조하면, 하나님 말씀이 어떻게 우리의 시선을 바로잡고, 우리가 온라인에서 개발하는 신념과 태도에서 벗어나게 하는지를 볼 수 있다.

그러면 이제 우리는 어떻게 해야 할까? 디지털 세상이 어떻게 작동하는지 아는 것과 그 관점에서 삶을 살아가는 것은 전혀 다른 문제다.

웹과 그리스도인의 삶과 관련해서 "그러면 이제 우리는 어떻게 해야 하는가?"라는 질문은 특히나 까다롭다. 왜 그런가? 기독교의 지혜와 기술의 거부는 직접적인 연관성이 없기 때문이다. 단순히 이 디지털 전례가 온라인 공간에 널리 퍼져 있다는 이유로 그 문제들이 거기서 만들어졌다고만은 볼 수 없다. 오히려 우리가 이 책에서 살펴본 문제들은 애당초 인간 마음에서 만들어졌기 때문에 존재한다.

성경적으로도, 우리는 예수님 말씀처럼 "마음에 가득한 것을 입으로 말함이라"(마 12:34)라고 인정해야 한다. 컴퓨터와 핸드폰을 내다 버리고 소셜 미디어 계정을 다 삭제하고 CD와 신문으로 돌아간다고 하더라도, 우리 마음은 여전히 그리스도의 지혜와는 상관

없을 수 있다. 죄는 전인적이고 근본적이므로 어떤 외적 행동을 취한다고 해서 그것을 없앨 수 없다.

하지만 기술을 전적으로 거부하는 것이 효과가 없는 데는 다른 이유도 있다. 간단히 말해서, 판도라를 다시 상자에 넣을 수 없기 때문이다. 디지털 생활 방식을 가져온 기술 혁명은 돌이킬 수 없다. 오늘날 대부분의 서양 경제는 방대한 양의 인터넷 접속에 의존하고 있으며, 많은 직업이 온라인에서 많은 시간을 보내야 한다. 이 기술은 세상을 영구히 바꾸어 놓았다. 따라서 디지털 시대에 기독교적 지혜를 개발하는 도전은 다양한 하드웨어, 다양한 사회적 분위기, 다양한 유혹을 통해 모든 세대에 걸쳐 반복될 것이다.

하지만 훨씬 더 중요한 점은, 디지털 혁명이 우리만이 아니라 우리 이웃에게도 영향을 미친다는 것이다. 21세기 한 개인이 모든 형태의 인터넷과 디지털 소통을 삼가는 일이 가능하다고 하더라도, 그 최종 결과는 대다수 다른 사람들과 단절된 삶이 될 가능성이 크다. 이들은 자신의 마음과 생각이 어떻게 악화될지 인식하지 못한 채 계속해서 온라인에서 생활하고 일하고 생각하고 소비할 뿐이다.

마지막으로, 디지털 시대도 "사람이 감당할 시험 밖에는 너희가 당한 것이 없나니"(고전 10:13)라는 성경 약속에서 예외가 아님을 잊지 말아야 한다. 우리가 사는 세상을 지배하는 기술은 새로울지 몰라도, 거기서 우리가 맞닥뜨리는 영적·인간적 문제들은 그렇지 않다. 하나님이 주신 정체성을 받기보다 우리 스스로 만들려는 노력은 하늘에 닿는 탑을 쌓았던 일만큼이나 오래되었다. 진리를 추구하기보다 믿음의 대상을 골라서 선택하는 행위는 금이든 돈이든 권력이든 하나님 백성이 스스로 우상을 만들면서 늘 해 오던 일이다. 바울은 고린도인들에게 사랑은 "불의를 기뻐하지 아니하며"(고전 13:6)라고 말했다. 우리가 그렇게 허용하기만 한다면 온라인 수치를 없애 버릴 수 있는 명령이다.

성경이 좋은 이유는 성경을 더 깊이 들여다볼수록 성경이 지금 이 세상에 대해 매우 구체적으로 말하는 것처럼 보인다는 것이다. 우리가 '전례 없는 시대'를 살고 있다고 말한다면 현대인들은 착각하는 것이다. 성경은 더 잘 안다. 해 아래 새것은 없다. 그래서 디지털 시대에 현명하게 살려는 노력은 에덴 이후 모든 세대의 하나님 백성이 거쳐 온 동일한 여정의 또 다른 표현에 불과하다. 우리는 새로운 것에 주눅 들지 말아야 한다. 하나님 말씀은 변함이 없다. 절대 충전이 떨어지지도 않고 업데이트도 필요 없으며 우리에게 공허감을 주지도 않는다.

그러니 이제부터 이 디지털 전례의 세계를 헤쳐 나가기 위해서는 무엇이 필요한지 살펴보자. 구체적으로 말하자면, '실천', '사람', '약속'이 필요하다.

실천

나는 의미 있는 변화는 이런 식으로 이루어진다고 평생 믿었다.

1. 간절히 기도하고 강력한 느낌을 불러일으키려고 노력한다.
2. 일단 강력한 느낌이 들면, 옳은 일을 하는 게 자연스럽게 느껴질 것이다.

나이 들면서 그리스도인의 삶에 대해 배운 것들에 대해 내 또래 사람들과 이야기를 나눌 때 두드러지는 주제 중 하나는 대부분의 변화가 이렇게 이루어지지 않는다는 것을 청소년기 이후에야 발견하게 된다는 것이다. 성경은 이렇게 가르치지 않고, 실현 가능하지도 않다. 성경은 우리 감정에 대해 많이 언급한다. "하나님은 즐겨 내는 자를 사랑하시느니라"(고후 9:7). "네 마음을 다하고 목숨을 다하고 뜻을 다하여 주 너의 하나님을 사랑하라"(마 22:37). "주 안에서 항상 기뻐하라"(빌 4:4). 이 명령들은 모두 인간의 정서를 겨냥하는데, 그리스도가 한 사람을 영적 죽음에서 생명으로 일으키실 때는 새로운 행위뿐 아니라 철저하게 새로워진 애정을 주신다는 사실은 의심할 여지가 없다.

하지만 지난 두어 해 사이에, 나는 오랫동안 놓치고 있었던 한 가지 주제를 성경에서 발견했다. 그것은 바로 습관이라는 주제다.

습관은 구약 성경에서 이스라엘의 연간 예배를 구성하는 핵심 디엔에이(DNA)다. 하나님은 그분의 백성에게 정기적으로 희생 제사와 제물을 드리라고 명령하신다. 주기적으로 모여서 하나님 말씀을 듣고 예배를 드리라고 말씀하신다. 그리고 가장 내 눈에 띈 부분은, 그 백성에게 하나님의 선하심과 구속 사역을 일깨워 주는 절기와 축일을 정기적으로 지키라고 말씀하신 것이다. 하나님이 백성들에게 마음을 다하여 그분을 사랑하라고 명령하셨을 때는 그들이 죄책감을 '느낄' 때만 희생 제물을 바치라는 뜻이 아니었다. 감사를 '느낄' 때만 제물을 바치거나 복을 받았다고 '느낄' 때만 잔치를 베풀라는 뜻이 아니었다. 오히려 하나님은 백성들에게 일련의 실천, 곧 그들의 영혼을 단련하여 그들을 더욱 거룩한 사람으로 만들어 갈 수 있는 규칙적인 행동 리듬을 주셨다.

신앙 생활을 하면서 규칙적인 리듬의 가치를 본능적으로 깨닫는 경우가 많다. 성경 읽기와 기도, 지역 교회 참여 같은 습관이 신자들의 성장에 필수인 이유가 그 때문이다. 그러나 습관의 중요성은 영적 체크리스트 수준을 뛰어넘는다. 습관은 우리 마음의 서식지를 만든다. 습관은 우리 정체성을 형성하고 욕구를 훈련하여, 쉽게 변하는 감정만으로 우리 성품의 무게를 온전히 지탱하지 않게 한다.

제임스 클리어(James Clear)는 『아주 작은 습관의 힘』(*Atomic Habits*)에서 습관이 정체성과 어떻게 연결되는지를 다음과 같이 요약한다.

습관 하나하나는 이렇게 말한다. "이봐, 이게 나다운 것 같아." 책 한 권을 다 읽었다면 책을 읽는 걸 좋아하는 사람일 것이다. 체육관에 간다면 운동을 좋아하는 사람일 것이다…모든 행동이 내가 되고자 하는 어떤 유형을 제시한다. 어느 한순간의 사건이 자신의 믿음을 바꾸지는 못하겠지만, 이런 투표지들이 차곡차곡 쌓이면 이는 새로운 정체성의 증거가 된다.[1]

이 내용은 "진정한 정체성 찾기"(becoming who you are)[2]라는 신약성경의 주제와 매우 흡사해 보인다. 칭의는 그리스도가 우리 죗값을 지불하시고 우리를 대신하여 완벽한 의를 이루셨다는 법적 선언이다. 성화는 우리가 성령님을 통해 변화를 받아 예수님의 형상을 닮아 가는 과정이다. 이 두 실재가 그리스도인의 삶에서 어떻게 함께 이루어지는가? 내 생각에 성경이 말하는 중요한 해답은 성령님과 함께 우리가 의로워진 정체성의 방향으로 성품을 형성하는 습관을 추구하는 것이다.

바울은 이렇게 기록한다.

"그러므로 너희가 그리스도와 함께 다시 살리심을 받았으면 위의 것을 찾으라 거기는 그리스도께서 하나님 우편에 앉아 계시느니라 위의 것을 생각하고 땅의 것을 생각하지 말라 이는 너희가 죽었고 너희 생명이 그리스도와 함께 하나님 안에 감추어졌음이라 우리 생명이신 그리스도께서 나타나실 그 때에 너희도 그와 함께 영광 중에 나타나리라"(골 3:1-4).

"위의 것을 찾으라"와 "위의 것을 생각하고"는 습관을 실천하라는 명령이다. 어떤 종류의 습관인가? "그리스도 안에 감추어"졌고 "그리스도와 함께 다시 살리심"을 받은 사람에게 일관된 습관이다. 정체성과 습관은 같이 간다. 그저 위의 것을 찾을 만큼 그리스도 안에 있는 당신의 정체성을 강력하게 느끼느냐의 문제가 아니다. 거기 곧 그리스도 안에 정말로 당신의 생명이 있기 때문에 위의 것을 찾는 것이다.

조금 길게 설명했지만, 아직도 그리스도인의 삶에서 습관의 역할에 대해 할 말이 많이 남아 있다. 하지만 지금은 습관의 중요성을 확인한 정도로 하고 넘어가도록 하자. 디지털 시대에 기독교적 지혜를 추구하려면 '어떤 종류'의 습관을 개발해야 하는가?

스스로에게 불편한 질문을 좀 던져 보자. 가장 최근에, 핸드폰을 확인하지 않고 한 시간 이상 책을 읽거나 음악을 듣거나 다른 사람과 대화한 때는 언제인가? 가장 최근에, 이메일과 소셜 미디어, 스트리밍 서비스 없이 홀로 앉아 생각에 빠진 때는 언제인가? 많은 사람이 단순히 연습이 부족해서 집중하는 법을 모른다고 느낄 것이라 생각한다. 삶의 모든 영역이 소음에 둘러싸여 있다. 고요한 침묵의 순간을 견디지 못한다. 컴퓨터와 핸드폰이 그런 불안한 멈

춤 상태에서 우리를 구해 주기를 본능적으로 바란다. 그래서 저항의 습관은 의도적으로 디지털 기술을 멀리하는 하루 한 시간씩에서부터 시작되어야 하는지도 모른다.

정보가 필요한 업무 때문에 인터넷을 꼭 사용해야 하는 사람이라면, 점심시간만이라도 디지털 디톡스를 고려해 보면 어떨까? 소셜 미디어나 넷플릭스 최신작을 훑어보는 대신 책을 읽거나 친구와 대화하거나 보람 있는 취미를 즐기는 것이다. 웹이 당신의 관심을 사로잡고 있는 구체적인 채널을 확인해 본다. 그것이 온라인 뉴스라면, 컴퓨터가 뒤엎으려 하는 깊은 읽기를 개발하기 위해 실물 잡지나 신문을 구독해 본다. 그것이 유튜브라면, 온종일 숏츠만 보지 말고 낮 동안에는 접속을 제한하는 프로그램을 사용하고 저녁에 영화 한 편을 시청하는 방법도 고려해 본다. 유튜브의 짧은 동영상 포맷은 산만함을 유발하지만, 진정으로 몰입할 수 있는 이야기에 빠져들면 깊이 감동받고 마음이 새로워지는 경험을 하게 된다.

일반적으로 말해서, 수천 가지 사소한 것에 우리의 주의가 분산될수록(웹에 깊숙이 연결되어 있을 때 우리 주의력은 이렇게 작동한다.) 우리는 더 혼란스러워지고 지치게 된다. 여기에 저항할 수 있는 마법 같은 공식은 없다. 다시 한번 강조하지만, 이 책은 당신 계정을 삭제하고 모든 기기를 내다 버리라고 말하는 책이 아니다. 디지털 기술이 어떻게 우리에게 영향을 미치는지를 이해하고 그에 적절하게 이용하는 것이 핵심이다. 대부분의 사람에게 가장 큰 도전은 기본값을 변경하는 것이다. 당장 우리의 집중을 요구하는 것이 없을 때 우리는 어디로 향하는가? 이 질문의 답을 바꾸는 것이 디지털 전례에 대한 저항에서 가장 근본적인 부분이다.

사람

로버트 저메키스(Robert Zemeckis) 감독의 2000년작 〈캐스트 어웨이〉(Cast Away)는 내가 좋아하는 영화 중 하나다. 고립된 척 놀랜드(톰 행크스)가 피 나는 손으로 '윌슨'을 만드는 장면은 이 영화에서 유명한 장면이다. 이 배구공은 버려진 섬에서 4년간 그의 유일한 동반자가 된다. 구조될 수 있다는 희망이 사라져 가면서 완전히 홀로 된 척은 윌슨에게 얼굴과 풀로 된 '머리카락'까지 만들어 주고는 그가 진짜 사람인 것처럼 이야기하기 시작한다.[3]

다른 종류의 영화였다면 이런 장면은 척의 어리석음을 비웃기 위한 농담처럼 보였을 것이다. 하지만 저메키스 감독과 시나리오 작가 윌리엄 브로일리스 주니어(William Broyles Jr.)는 이 장면을 통해 농담이 아니라 인간 본성의 심오한 면을 보여 주려 했다. 척은 윌슨이 배구공이라는 것을 안다. 하지만 그 섬에서 자기 곁에 형체를 지닌 어떤 존재가 없다면 자신이 금세 미치고 말 것이라는 것도 안다. 불 피우는 법이나 물고기 사냥법만큼이나 윌슨은 척의 생존에 중요해진다. 이런 모습을 보면서 관객은 척을 비웃는 것이 아니라, 우리도 외로움에 절망하지 않기 위해 '윌슨' 같은 존재가 필요함을 인정하게 된다.

현대 서양 사회는 철저하게 고독하다. 우리가 사는 세상의 획기적인 이동성과 연결성에도 불구하고 그렇다. 지금처럼 여행이 쉽고 안전하고 저렴한 때는 없었다. 지금처럼 지구 반대편 사람과 즉각적인 의사소통이 흔한 때도 없었다. 그런데도 너무나 많은 사람, 특히 젊은이들이 외로움과 단절감을 호소한다. 오히려 편리한 이동성 때문에 어디에도 집이 없다고 느끼고, 소셜 미디어 때문에 친구가 없다고 느낀다. 척 놀랜드가 곧바로 깨달은 것을 우리는 잊어버렸다. 구체적인 존재의 중요성을 말이다.

사실은, 디지털 기술에서 가장 중요한 발전이라고 할 만한 많은 것의 핵심에 비인간화가 자리 잡고 있었다. 다수의 현대 기기는 기술과 인간성을 분리함으로써 그 자체로 철저한 고립의 논리를 표현한다. 지피에스(GPS)가 있으면 굳이 동네를 알아야 할 필요가 없다. 후면 카메라가 있으면 다른 사람에게 사진을 찍어 달라고 부탁할 필요가 없다. 코로나19가 유행하는 동안, 전 세계 수십억 인구가 강제 고립으로 생활에 심각한 지장을 받았다. 그러나 어쩌면 우리 삶의 많은 부분이 지장을 받지 '않았다'는 점이 더 강력하게 드러났는지도 모른다. 이메일과 영상 통화가 동료를 대체하면서 많은 일이 원격 근무로 매끄럽게 바뀌었다. 교회마다 온라인 예배를 송출하기 시작하면서 많은 사람이 텔레비전이나 노트북으로 교회를 '경험'했는데, 교회에 직접 가는 것과 거의 차이가 없었다.

우리는 인간을 기술로 대체하는 데 굉장히 능숙해졌다. 하지만 업무 수행과 미디어 소비는 급증했지만, 우리 영혼은 그렇지 못했다. 우리는 사람이 필요하다. 곁에 있는 존재가 필요하다. 장소가 필요하다.

대다수 디지털 기술의 비인간화에 적극적으로 저항하기 위해 아주 단순하면서도 어려운 일이 필요하다. 우리는 모여야 한다. 대인 관계 개발, 곧 다른 사람의 아이디가 아니라 얼굴을 찾는 것에 대해 할 수 있는 말은 많지만, 그리스도인으로서 우리가 추구해야 할 가장 중요한 모임은 지역 교회 모임이다. 이 모임 가운데 우리의 창조주요 구속주가 함께하겠다고 약속하신다. "두세 사람이 내 이름으로 모인 곳에는 나도 그들 중에 있느니라"(마 18:20). 이 모임에서 우리는 몸을 지닌 사람이라는 의미를 부분적으로 회복할 뿐 아니라, 역사상 가장 인간다운 분이신 하나님의 영원한 아들의 형상으로 변화되어 다 함께 '온전한' 인간이 되어 간다.

디지털 전례에 저항하기 위해서는 몸을 지닌 구체적인 하나님의 공동체에 주기적으로 잠겨야 한다. 서로 찬양하고 서로 권면하고 서로 격려하고 서로 용서하고 서로 울고 웃어야 한다. 그렇게 할수록 디지털 자아의 가면은 점점 더 투명해질 것이다. 우리는 짜증

나는 교회 성도를 그냥 음소거하거나 차단할 수 없다. 정중하고 희생적인 사랑을 배워야 한다. 우리가 듣고 있는 설득력 있는 메시지를 앞으로 빨리 감을 수 없다. 그 말이 우리를 쪼개서 다시 봉합할 수 있게 해야 한다. 교회는 주어진 복음이다.

구체적인 공동체의 회복과 관련하여 할 수 있는 말은 무궁무진하다. 주일 예배만이 다른 사람들과 모일 수 있는 정당한 방법은 아니다.[4] 하지만 나는 두 가지 이유에서 교회를 지목한다. 첫째, 앞서 언급했듯이, 지역 교회는 우리 신앙 생활에 매우 중요하다. 둘째, '가상 교회'의 부상은 많은 그리스도인이 스트리밍으로도 충분히 예배가 가능하다고 느끼고 물리적으로 참석할 동기를 찾지 못하고 있다는 뜻이다. 하지만 이런 문제는 교회와 웹에 대한 오해를 반영한다. 교회는 대중이 볼 수 있도록 단순히 영적 행사를 전시하는 곳이 아니다. 우리가 얼마나 효과적으로 설교나 음악을 기억 속에 '다운로드'할 수 있느냐와는 상관없이, 성령님이 그 백성을 만나 주시는 살아 있는 기관이다.

가상 교회는 웹에 대한 오해이기도 하다. 앞에서 살펴보았듯이, 형식이 의미를 만든다. 웹은 우리가 오프라인에서 하던 모든 일을 단순히 다른 방식으로 할 수 있게 해 주는 수단이 아니다. 웹은 완전히 새로운 인식론적·영적 서식지다. 그 안에 올라온 모든 것은 결국 웹의 방식으로 형성되고, 그 이미지에 따라 변형된다. 내가 주장했듯이, 하나님의 지혜가 우리에게 주어진 것이고 구체적인 형체가 있다면, 완전한 디지털 환경에서 그 지혜가 유의미하게 우리를 형성하기란 불가능하다. 물리적으로 함께 모일 때 우리는 다른 방식으로는 배울 수 없는 것을 배우고, 다른 방식으로는 형성될 수 없는 방식으로 형성된다.

약속

마지막으로, 이 시대의 디지털 전례에 저항하기 위해서는 약속이 필요하다. 솔직히 말해서, 내가 이 장에서 말한 내용은 대부분 영적인 기술처럼 들릴 것이다. "이렇게 하고 저렇게 하면 지혜로운 사람이 될 것이다." 조언은 좋은 것이다. 하지만 기독교적 지혜를 추구하는 일이 아무 희망이 없는 듯 느껴질 때는 어떻게 해야 할까? 미친 듯 정신없이 돌아가는 세상이 우리를 꼼짝 못 하게 만들 때는 어떻게 해야 하는가? 우리가 너무 화면에 빠져서 생각이 흐려지고 정체성과 관계가 공허해진 나머지 불안을 막으려고 스크롤만 하고 싶은 순간에는 어떻게 해야 하는가?

그런 순간에 좋은 소식이 있다. 지혜는 우리가 반드시 손에 넣어야 하는 것이 아니다. 사실 지혜는 한 인격이다. 예수 그리스도는 지혜로우신 분일 뿐 아니라, 그분이 곧 지혜다. 바울은 우리가 "예수 안에 있고 예수는 하나님으로부터 나와서 우리에게 지혜와 의로움과 거룩함과 구원함이 되셨으니"(고전 1:30)라고 말한다. 잠언은 지혜를 고결한 여인으로 의인화해서 표현한다. 이 여인은 사람들을 불러서 자기에게 배우러 오라고 권한다. 지혜의 여인이 한 여러 연설 중 하나에서 그녀는 이렇게 선언한다.

"여호와께서 그 조화의 시작
곧 태초에 일하시기 전에 나를 가지셨으며
만세 전부터, 태초부터, 땅이 생기기 전부터
내가 세움을 받았나니
아직 바다가 생기지 아니하였고
큰 샘들이 있기 전에 내가 이미 났으며
산이 세워지기 전에,
언덕이 생기기 전에 내가 이미 났으니
하나님이 아직 땅도, 들도,
세상 진토의 근원도 짓지 아니하셨을 때에라
그가 하늘을 지으…실 때에 내가 거기 있었고…
내가 그 곁에 있어서 창조자가 되어
날마다 그의 기뻐하신 바가 되었으며
항상 그 앞에서 즐거워하였으며
사람이 거처할 땅에서 즐거워하며
인자들을 기뻐하였느니라"(잠 8:22-31).

많은 성서학자가 이런 표현을 근거로 지혜의 여인이 예수님의 신비로운 형상이라고 믿는다. 천지 창조 이전에 지혜가 하나님과 함께 있었다는 점은 요한복음 1장을 떠올리게 한다. 말씀(그리스도)이 "태초에 하나님과 함께 계셨고 만물이 그로 말미암아 지은 바 되었으니 지은 것이 하나도 그가 없이는 된 것이 없느니라"(요 1:2-3). 지혜를 추구한다는 것은 한 인격을 추구하는 것이다. 지혜를 추구할 때 우리는 일련의 추상 개념이나 삶을 좀 더 순조롭게 해 줄 통찰을 찾는 것이 아니다. 그리스도를 찾고 있는 것이다.

하나님이 그리스도 안에서 그분을 우리에게 주신다는 것은 삶을 뒤바꾸는 약속이다. 지혜가 어떤 물건이나 개념에 불과하다면 우리가 그것을 찾는다고 보장할 수 없었을 것이다. 우리가 어떻게 보이는지, 얼마나 결연하게 그것을 찾으려 하는지, 그 교훈을 얼마나 깊이 새길 수 있는지에 따라 모든 것이 오르락내리락할 것이다. 우리가 시대정신과 무의식적으로 협력하게 되는 이 세상에서, 설령 지혜를 찾는다고 해도 정말로 그것을 붙잡을 수는 있을지 절망하게 될 것이다.

그러나 지혜는 인격이시기에 우리는 믿을 만한 약속을 받는다. 잠언 9장에서 지혜는 그것이 필요한 사람들을 끈질기게 초대한다.

"지혜가 그의 집을 짓고
일곱 기둥을 다듬고

짐승을 잡으며 포도주를 혼합하여
상을 갖추고
자기의 여종을 보내어
성중 높은 곳에서 불러 이르기를
어리석은 자는 이리로 돌이키라
또 지혜 없는 자에게 이르기를
너는 와서 내 식물을 먹으며
내 혼합한 포도주를 마시고
어리석음을 버리고 생명을 얻으라
명철의 길을 행하라 하느니라"(잠 9:1–6).

지혜는 정말로 만족스러운 진수성찬을 대접하여 우리를 안에서부터 밖으로 따뜻하고 든든하게 한다. 지혜는 이미 능숙한 사람이 아니라, "어리석은" 자, "지혜 없는" 자를 부른다. 없는 자를 환영하며 와서 얻으라고 한다. 이는 일회성이 아니다. "성중 높은 곳에서" 불러 이르는 지혜는 받을 자격이 없는 이들을 적극적으로 찾는다. 이것은 진실한 사고나 현명한 생활이 아니다. 은혜다.

우리는 지혜의 식물과 포도주가 무엇인지 복음서에서 더 자세하게 알 수 있다. 예수님은 사람들에게 "나는 생명의 떡이니 내게 오는 자는 결코 주리지 아니할 터이요 나를 믿는 자는 영원히 목마르지 아니하리라"(요 6:35)라고 말씀하신다. 그분(지혜)은 떡과 음료를 주면서 그분 자신을 주신다. 어리석은 자들을 대신하여 죽으신 예수님은 그분께 오는 모든 사람에게 그분을 성육하신 지혜로 주신다. 그래서 바울은 십자가에 달리신 그리스도가 "하나님의 능력이요 하나님의 지혜"(고전 1:24)라고 선언할 수 있었다. 예수 그리스도를 받아들이면 지혜를 깨닫는데, 그리스도는 하나님과 우리 자신, 우리가 사는 세상을 완벽하게 계시하신다. 그분의 피가 우리의 어리석음을 온전히 흡수하셔서, 우리는 온유하고 겸손하신 선생에게서 자유로이 배울 수 있다(마 11:29).

그리고 우리에게는 그분의 약속이 있다. 우리가 그분을 신뢰할 때 그리스도의 영이 우리에게 능력을 주셔서 모든 생각을 사로잡아 그분께 복종하게 한다(고후 10:5). 그 목소리가 소음이 끊이지 않는 세상을 뚫고 들어와 우리를 인도하신다. 뿌리가 없는 정체성 위기의 세상에서 그분은 우리가 그분께 속했다고, 그분이 그분을 위해 우리를 창조하셨다고, 드디어 고대하던 그 얼굴을 마주할 때 우리 눈에서 눈물을 닦아 주신다고 일깨워 주신다(계 21장). 수치심으로 가득한 세상에서 그분은 우리 빚을 탕감하시고 아무것도 우리를 그분의 사랑에서 끊을 수 없다고 우리에게 말씀하신다. 정욕으로 가득한 세상에서 우리의 더럽혀진 몸을 그분의 부서진 몸으로 대체해 주신다(눅 22:19). 우리를 사로잡는 디지털 전례는 우리의 지혜 되신 분과 그분이 우리를 위해 하셨고 하고 계시며 앞으로 하실 일 앞에서 쉬이 사그라진다.

결론

성경의 하나님은 주권적인 하나님이시다. 그분의 결정에 따라 디지털 기술이 결실을 맺었다. 하나님은 어떤 것에도 놀라거나 허를 찔리지 않으신다. 그분은 오늘날 우리가 맞닥뜨린 도전이 어떤 것인지 정확히 아신다. 사실, 그것들은 결국 모든 것을 주관하시는 그분의 모든 지혜와 선한 뜻에서 비롯된다.

하나님은 온라인 기술을 통해 경이로운 선물도 우리에게 허락하셨다. 우리는 그것을 누리고 그런 선물을 주신 그분의 선하심을 찬양해야 마땅하다. 하지만 이스라엘이 여호와의 기적과 같은 정복을 통해 출애굽하면서 가져온 금과 은을 금송아지로 만들어 절했던 것처럼, 하나님이 주시는 물질적인 선물은 우상이 될 수 있다. 우리의 믿음과 관심을 두고 경쟁하는 디지털 전례는 진짜 정체성, 진짜 지혜, 진짜 즐거움, 진짜 정의로 위장한, 인간이 만든 구조다. 그것들은 우리 마음이 그런 것들에 갈팡질팡하며 그것을 찾을 수 있다는 기대 없이는 오래 버티지 못한다는 것을 알기에 우리를 도취시킨다.

웹은 기묘하고 놀라운 도구다. 하지만 결국 그 힘과 매력은 단순하다. 웹은 우리가 현재의 자신을 넘어설 수 있고, 우리의 능력 이상을 해낼 수 있으며, 가까이 있는 것보다 더 깊이 느낄 수 있다고 약속한다. 웹은 무한정 시간의 '콘텐츠'를 담은 수십억 페이지를 우리 앞에 펼쳐 보이면서 기쁨이 가득한 곳으로 우리를 유혹한다. 거기서 우리는 유한한 육신의 한계를 벗고 집을 향한 탐색에서 해방되어 참신함과 새로움만을 경험한다. 사실, 우리는 로그인할 때마다 천국을 찾고 있는 셈이다. 소셜 미디어에 저장해 둔 과거의 조각들? 그게 천국을 찾는 행위다. '인싸'가 되어서 세상의 상태에 위협을 느끼거나 불안해하지 않도록 끊임없이 정보를 놓치지 않으려는 노력? 그게 천국을 찾는 행위다.

루이스는 사람들이 천국을 찾으려고 애쓰는 것을 잘 알고 있었다. 그는 "영광의 무게"(The Weight of Glory)라는 설교에서, 천국을 찾는 행위를 우리 인생의 가장 강렬한 순간에 일어나는 '갈망'으로 묘사했다. 우리는 그 장소, 이 모든 것의 근원인 '본향'을 찾는 것이 고통스러울 만큼 충분히 이 갈망을 경험한다. 그러나 루이스는 우리 존재의 가장 깊은 곳을 바꿔 놓을, 아름다움을 향한 이 고통은 우리를 초월하는 누군가만이 온전히 만족시켜 줄 수 있는 고통임을 알았다.

우리 안에서 지금도 찾을 수 있는 머나먼 본향에 대한 갈망에 대해 말하려 하니 약간 부끄러워집니다. 마치 해서는 안 될 일을 하고 있는 듯합니다. 저는 우리 사람 안에 있는 위로할 길 없는 비밀을 열어젖히려 하고 있습니다. 너무나 가슴 아린 비밀이기에 우리는 거기다 향수, 낭만, 청춘 같은 이름을 붙입니다. 나름대로 복수를 하는 거지요. 그러나 그것이 너무 달콤하게 우리 마음을 파고들기 때문에 아주 친밀한 대화에서 그것에 대해 말하려 하면 그만 어색해져서 자기도 말도 안 된다고 생각한다는 식으로 둘러댑니다. 숨기고도 싶고 말하고도 싶지만 숨길 수도 말할 수도 없는 비밀입니다. 말할 수 없는 이유는 그것이 우리가 한 번도 실제로 경험해 보지 못한 대상에 대한 갈망이기 때문입니다….

우리가 어떤 책이나 음악 안에 아름다움이 놓여 있다고 생각하고 거기에 기대를 걸면 결국 배신당하고 말 것입니다. 아름다움은 책이나 음악 안에 있는 것이 아니라 그것들을 통해 주어졌을 뿐이며 그 실체는 결국 갈망입니다. 아름다움, 과거의 기억 등은 우리가 정말 바라는 대상에 대한 좋은 이미지이지만, 그것들을 대상 자체로 오해하면 어리석은 우상들로 변질되어 숭배자들은 결국 상심하고 맙니다. 그것들은 우리가 발견하지 못한 꽃의 향기이고, 들어보지 못한 곡조의 메아리이고, 우리가 아직 방문하지 못한 나라에서 온 소식입니다.[5]

그러나 우리는 거기 도달할 것이다. 그때까지는, 이 아름다움의 근원이신 분이 그분의 세상과 말씀을 우리에게 열어서 보여 주신다고 약속하신다. 그분이 우리를 위하시고, 우리와 함께 계시기에 우리는 평안할 수 있다.

Digital Liturgies

감사의 글

많은 사람 덕분에 이 책이 나올 수 있었다. 이토록 큰 사랑과 도움, 지혜와 조언을 받은 경험은 내 인생에서 아주 겸손해지는 계기가 되었다. 그들에게 받은 은혜를 어떻게 갚아야 할지 모르겠다. 시편 기자와 함께 "내게 준 구역은 아름다운 곳에 있다."라고 그저 고백할 뿐이다.

우선, 크로스웨이 출판사, 특히 저스틴 테일러와 토드 어거스틴의 격려와 우정에 감사하다. 친구 리디아 브라운백은 내가 이 프로젝트에 도전할 수 있도록 격려해 주었다.

여러 책과 기사, 대화를 통해 이 책의 내용이 떠올랐다. 매트 스메서스트의 멘토링과 우정에 감사하고 싶다. 콜린 핸슨, 이반 메사, 제이크 미도르, 팀 챌리스는 내가 하는 일과 지적 생활에서 중요한 역할을 해 주었다. 그들의 도움과 후원에 큰 빚을 졌다. 캐런 스왈로 프라이어는 굉장히 빠른 기간에 이 원고를 읽고 훌륭한 피드백을 해 주었다. 그리고 『생각하지 않는 사람들』을 쓴 니콜라스 카에게 진심으로 감사하다. 지난여름 저녁, 사돈댁 테라스에서 이 책을 끝내자마자 내 삶에 아주 중요한 작품이 되리라고 예감했다.

숙소를 제공해 주고 주말에 글을 쓰게 배려해 주고 섬김을 베풀어 준 많은 이의 환대가 없었다면 이 원고는 세상에 나오지 못했을 것이다. 조와 주디 맥휴는 두 사람의 아름다운 가정에 나를 초대해 주었고, 거기서 최고의 집필 순간을 맞기도 했다. 조던 우디와 코럴 힐 침례교회 교인들은 아주 결정적인 휴가를 마련해 주었다. 말로 다 갚을 수 없을 정도로 후한 친절이다.

마지막으로, 가족들에게 감사하다. 아내의 부모님인 척과 킴 팟츠는 최고의 할아버지 할머니시다. 날마다 두 분께 감사드린다. 매부 샘 이마디와 댄 마케탄스키는 내 힘의 끊임없는 원천이며, 누이 코리 앤과 레베카는 이 세상에서 만난 내 첫 친구이자 여전히 베프다. 어머니와 아버지는 나를 위해 헤아리기 힘들 정도로 큰 희생을 하셨지만, 무엇보다도 기도로 내 삶(과 이 책)을 품어 주셨다. 두 분 덕분에 예수 그리스도를 알게 되었다.

찰리, 루시, 웨슬리. 너희는 아빠의 자랑이자 기쁨이야. 아빠가 없는 주말과 긴긴밤들을 잘 참아 주어 고마워. 아빠가 받은 가장 아름다운 세 선물이 되어 고맙구나. 그리고 사랑하는 에밀리. 내 마음이 영원히 묶여 있는 곳은 바로 당신입니다. 당신의 도움과 희생과 끊이지 않는 사랑과 격려의 말에 감사해요. "당신 없이 나는 아무것도 할 수 없답니다."

주

들어가는 글

1. David Foster Wallace, "This Is Water", commencement speech (2005), *fs* blog, accessed November 14, 2022, https://fs.blog/.
2. '소셜 인터넷'이라는 말은 내 친구 크리스 마틴(Chris Martin)에게서 처음 들었다. 그의 책 *Terms of Service: The Real Cost of Social Media* (Nashville, TN: B&H, 2022)를 보라.
3. Robert Bellah, Carl Trueman, "How Expressive Individualism Threatens Civil Society", Heritage Foundation, May 27, 2021, https://www.heritage.org에 인용됨.
4. Trevin Wax, *Rethink Yourself: The Power of Looking Up Before Looking In* (Nashville, TN: B&H, 2020), p. 11.
5. 다음 책들을 보라. Carl Trueman, *The Rise and Triumph of the Modern Self: Cultural Amnesia, Expressive Individualism, and the Road to Sexual Revolution* (Wheaton, IL: Crossway, 2020); Charles Taylor, *A Secular Age* (Cambridge, MA: Harvard University Press, 2007); Yuval Levin, *The Fractured Republic: Renewing America's Social Contract in the Age of Individualism* (New York: Basic, 2017).
6. "Share of the Population Using the Internet", International Telecommunication Union, Our World in Data, accessed November 14, 2022, https://

ourworldindata.org/.
7. Andrew Perrin and Sara Atske, "About Three-in-Ten US Adults Say They Are 'Almost Constantly' Online", Pew Research Center, March 26, 2021, https://www.pewresearch.org/.
8. 인식론은 앎에 대해 질문하는 철학의 한 분과다. 어떻게 대상을 알 수 있는지, 정확히 믿는다는 것은 무슨 뜻인지 등을 논의한다.
9. James K. A. Smith, *Desiring the Kingdom: Worship, Worldview, and Cultural Formation* (Grand Rapids, MI: Baker Academic, 2009), pp. 19-27. 『하나님 나라를 욕망하라』(IVP).

1장

1. *2001: A Space Odyssey*, directed by Stanley Kubrick (Los Angeles: Metro-Goldwyn-Mayer Studios, 1968). 〈2001 스페이스 오디세이〉.
2. Elise Hu, "Phantom Phone Vibrations: So Common They've Changed Our Brain?", NPR, September 27, 2013, https://www.npr.org/.
3. Tremper Longman III, *The Fear of the Lord Is Wisdom: A Theological Introduction to Wisdom in Israel* (Grand Rapids, MI: Baker, 2017), pp. 6-25. 『지

혜신학 개론』(CLC).
4. Longman, *Fear of the Lord*, p. 7.
5. Longman, *Fear of the Lord*, p. 11. 롱맨은 성서학자 류(S. M. Lyu)의 책 『잠언에 나타난 의』(*Righteousness in the Book of Proverbs*)에서 다음 부분을 인용한다. "잠언은 독자가 배워서 현명하고 의로워져야 한다고 가르친다. 그 목적에 도달하기 위해 배우는 자는 내적 자아를 재형성하는 과정을 거쳐야 한다. 그의 욕구와 소망, 성향은 그 이상을 반영하여 재조정되어야 한다."
6. Longman, *Fear of the Lord*, p. 12.
7. Francis A. Schaeffer, *He Is There and He Is Not Silent* (Carol Stream, IL: Tyndale, 1972).
8. Tony Reinke, *God, Technology, and the Christian Life* (Wheaton, IL: Crossway, 2022)를 보라.
9. John Calvin, *Institutes of the Christian Religion*, trans. Henry Beveridge (Peabody, MA: Hendrickson, 2008), 1.1.1. 『기독교 강요』.
10. 이 개념에 대한 탁월한 입문서로는 다음 책을 보라. Anthony Hoekema, *Created in God's Image* (Grand Rapids, MI: Eerdmans, 1994).
11. John Kleinig, *Wonderfully Made: A Protestant Theology of the Body* (Bellingham, WA: Lexham Press, 2021), p. 5.
12. Kleinig, *Wonderfully Made*, p. 6.
13. 일부 그리스도인들은 트랜스젠더의 성 정체성을 따옴표로 묶거나 그들이 선호하는 대명사 대신 타고난 대명사로 지칭하는 것이 불필요하게 적대적이고 모욕적이며, 우리와 불신자 사이에 장벽을 두지 않고 가능한 한 복음의 진리를 옹호하는 것이 최선이라고 느낀다. 나는 이런 관점을 존중하지만, 그리스도인들에게는 인간의 정체성에 대해 진리를 말할 책임이 있으며, 이런 책임을 다하기 위해서는 성에 대한 성경적이고 자연스러운 정의를 주장해야 한다고 생각한다.
14. Carson Field, "Out of Left Field: Thoughts on Swimmer Lia Thomas and the State of Women's Sports", *Abilene Reporter News*, March 21, 2022, https://www.reporternews.com/.
15. 이런 현상이 생긴 과정에 대해서는 다음을 보라. Carl R. Trueman, *Strange New World: How Thinkers and Activists Redefined Identity and Sparked the Sexual Revolution* (Wheaton, IL: Crossway, 2022).
16. Vivian Manning-Schaffel, "Americans Are Lonelier Than Ever—but 'Gen Z' May Be the Loneliest", NBC News, May 14, 2018, https://www.nbcnews.com/. 다음 책도 보라. Sherry Turkle, *Alone Together: Why We Expect More from Technology and Less from Each Other* (New York: Basic, 2012). 『외로워지는

사람들: 테크놀로지가 인간관계를 조정한다』(청림출판).

2장

1. *Inception*, directed by Christopher Nolan (Los Angeles: Warner Brothers, 2010). 〈인셉션〉.
2. Marshall McLuhan, *Understanding Media: The Extensions of Man* (Berkeley, CA: Gingko Press, 2013), p. 29. 『미디어의 이해』(커뮤니케이션북스).
3. McLuhan, *Understanding Media*, pp. 31–32.
4. David Rooney, *About Time: A History of Civilization in Twelve Clocks* (New York: Norton, 2021), p. 11.
5. Rooney, *About Time*, p. 223.
6. Eric Jacobsen, *Three Pieces of Glass: Why We Feel Lonely in a World Mediated by Screens* (Grand Rapids, MI: Brazos Press, 2020), p. 141.
7. Stanley Joel Reiser. Neil Postman, *Technopoly: The Surrender of Culture to Technology* (New York: Vintage, 1993), p. 101에 인용됨.
8. Franklin Foer, *World Without Mind: The Existential Threat of Big Tech* (New York: Penguin, 2017), pp. 12–13. 『생각을 빼앗긴 세계』(반비).
9. Foer, *World Without Mind*, p. 13.
10. Foer, *World Without Mind*, pp. 18–19.
11. *Whole Earth Catalog*. Foer, *World Without Mind*, p. 19에 인용됨.
12. Foer, *World Without Mind*, p. 21.
13. Foer, *World Without Mind*, p. 47.
14. "Guess How Much Google Futurist Ray Kurzweil Spends on Food That Will Make Him Live Forever?!", *Business Insider*, April 13, 2015, https://www.businessinsider.com/.
15. Jacob Shatzer, *Transhumanism and the Image of God: Today's Technology and the Future of Christian Discipleship* (Downers Grove, IL: InterVarsity Press, 2019), p. 41.
16. "Transhumanist Declaration," *Transhumanism and the Image of God*, p. 48에 인용됨.
17. Alex Heath and Nilay Patel, "Mark Zuckerberg Is Still All-In on Building the Metaverse", *The Verge*, October 11, 2022, https://www.theverge.com/.
18. "Elon Musk Says the Future of Humanity Depends on Us Merging with

Machines", *Science Alert*, February 15, 2017, https://www.sciencealert.com/.
19. 둘의 이름은 가명이다.
20. G. K. Beale, *We Become What We Worship: A Biblical Theology of Idolatry* (Downers Grove, IL: IVP Academic, 2008).

3장

1. Nicholas Carr, "Is Google Making Us Stupid?", *The Atlantic*, July/August 2008, https://www.theatlantic.com/.
2. Marshall McLuhan, *Understanding Media: The Extensions of Man* (Berkeley, CA: Gingko Press, 2013), p. 29.
3. Nicholas Carr, *The Shallows: What the Internet Is Doing to Our Brains* (New York: Norton, 2010), p. 27. 『생각하지 않는 사람들』(청림출판).
4. Carr, *Shallows*, p. 31; 강조는 저자의 것.
5. Langdon Winner, Carr, *Shallows*, p. 47에 인용됨.
6. Carr, *Shallows*, p. 45.
7. Heidelberg Catechism, Question 1 (1563), https://www.crcna.org/.
8. 인간은 영혼 없이 존재할 수 없지만, 몸 없이도 존재할 수는 있다. 그러나 인류의 운명은 몸을 지닌 구체화된 존재다.
9. James K. A. Smith, *You Are What You Love: The Spiritual Power of Habit* (Grand Rapids, MI: Baker, 2016), pp. 18-19. 『습관이 영성이다』(비아토르).
10. Smith, *You Are What You Love*, p. 43.
11. Carr, *Shallows*, pp. 50-51.
12. Carr, *Shallows*, p. 85.
13. Carr, *Shallows*, p. 90.
14. Carr, *Shallows*, p. 90.
15. Carr, *Shallows*, p. 131.

4장

1. Graham Greene, *The End of the Affair* (London: Heinemann, 1951). 『사랑의 종말』(현대문학).
2. Jonathan Haidt and Greg Lukianoff, *The Coddling of the American Mind: How*

Good Intentions and Bad Ideas Are Setting Up a Generation for Failure (New York: Penguin, 2018), p. 7. 『나쁜 교육』(프시케의숲).

3. Tom Nichols, "The Death of Expertise", *The Federalist*, January 17, 2014, https://thefederalist.com/.
4. Neil Postman, *Amusing Ourselves to Death* (New York: Penguin, 1985), pp. 92-93. 『죽도록 즐기기』(굿인포메이션).
5. Jonathan Haidt, "Why the Past Ten Years of American Life Have Been Uniquely Stupid", *The Atlantic*, May 2022, https://www.theatlantic.com/.
6. Haidt, "Why the Past Ten Years of American Life Have Been Uniquely Stupid."
7. Carl R. Trueman, *Strange New World: How Thinkers and Activists Redefined Identity and Sparked the Sexual Revolution* (Wheaton, IL: Crossway, 2022), p. 117. 『이상한 신세계』(부흥과개혁사).
8. Trueman, *Strange New World*, p. 119.
9. Abigail Shrier, *Irreversible Damage: The Transgender Craze Seducing Our Daughters* (Washington, DC: Regnery, 2020), p. 212.
10. Nellie Bowles, "Silicon Valley Nannies Are Phone Police for Kids", *New York Times*, October 26, 2018, https://www.nytimes.com/.
11. Jean Twenge, *iGen: Why Today's Super-Connected Kids Are Growing Up Less Rebellious, More Tolerant, Less Happy—and Completely Unprepared for Adulthood* (New York: Atria, 2017), p. 108. 『#i세대: 스마트폰을 손에 쥐고 자란 요즘 세대 이야기』(매일경제신문사).
12. Twenge, *iGen*, p. 111.
13. Twenge, *iGen*, p. 104.
14. Twenge, *iGen*, p. 106.
15. Trevin Wax, *Rethink Yourself: The Power of Looking Up Before Looking In* (Nashville, TN: B&H, 2020), p. 41.
16. Alan Noble, *You Are Not Your Own: Belonging to God in an Inhuman World* (Downers Grove, IL: InterVarsity Press, 2021), pp. 70-71. 『나는 나의 것이 아니다』(두란노).
17. Matt Jenson, *The Gravity of Sin: Augustine, Luther and Barth on "homo incurvatus in se"* (Edinburgh: T&T Clark, 2007), p. 7.

5장

1. Nicholas Carr, *The Shallows: What the Internet Is Doing to Our Brains* (New York: Norton, 2010), p. 64.
2. Carr, *Shallows*, p. 64.
3. Carr, *Shallows*, p. 76.
4. Neil Postman, *Amusing Ourselves to Death* (New York: Penguin, 1985), p. 50.
5. 흥미롭게도, 포스트먼은 링컨-더글러스 논쟁에 대한 성찰로 4장 "인쇄문화, 인쇄정신"을 시작한다.
6. Postman, *Amusing Ourselves to Death*, p. 87.
7. Carr, *Shallows*, p. 117.
8. C. S. Lewis, *The Screwtape Letters* (New York: HarperCollins, 1942), pp. 1-2. 『스크루테이프의 편지』(홍성사).
9. Ezra Klein, "How Technology Is Designed to Bring Out the Worst in Us", *Vox*, rev. February 19, 2018, https://www.vox.com/.
10. Klein, "How Technology Is Designed to Bring Out the Worst in Us."
11. 나는 조너선 라우시(Jonathan Rauch)가 쓴 『지식의 헌법』(*The Constitution of Knowledge*)을 리뷰하면서 이 부분을 더 상세히 설명했다. Samuel James, "My Facts Versus Your Facts: Can We Really Know Truth?" The Gospel Coalition, January 27, 2022, https://www.the gospelcoalition.org/.
12. C. S. Lewis, "Man or Rabbit", in *God in the Dock* (Grand Rapids, MI: Eerdmans, 1970), p. 109. 『피고석의 하나님』(홍성사).
13. C. S. Lewis, "The Inner Ring", in *The Weight of Glory and Other Addresses* (New York: HarperCollins, 1941), pp. 151-152. "내부패거리", 『영광의 무게』(홍성사).
14. Lewis, "Inner Ring", p. 154.

6장

1. Helen Andrews, "Shame Storm", *First Things*, January 2019, https://www.firstthings.com/.
2. Andrews, "Shame Storm."
3. Julian Hawthorne, "'The Scarlet Letter', by Nathaniel Hawthorne, Reviewed", *The Atlantic Monthly*, April 1886, https://www.theatlantic.com/.
4. Jonathan Haidt and Greg Lukianoff, *The Coddling of the American Mind: How Good Intentions and Bad Ideas Are Setting Up a Generation for Failure* (New York:

Penguin, 2018), pp. 99–121.

5. Linley Sanders, "Americans Are Less Likely to Have Friends of Very Different Political Opinions Compared to 2016", YouGov America, October 6, 2020, https://today.yougov.com/.
6. *Indiana Jones and the Last Crusade*, directed by Steven Spielberg (Hollywood, CA: Paramount Pictures, 1989). 〈인디아나 존스—최후의 성전〉.
7. John Starke, "Preaching to the Secular Age", in *Our Secular Age: Ten Years of Reading and Applying Charles Taylor*, ed. Collin Hansen (Deerfield, IL: The Gospel Coalition, 2017), p. 44.
8. Wilfred McClay, "The Strange Persistence of Guilt", *Hedgehog Review* 19 (Spring 2017), https://hedgehogreview.com/.
9. McClay, "The Strange Persistence of Guilt."
10. Jean Twenge, *iGen: Why Today's Super-Connected Kids Are Growing Up Less Rebellious, More Tolerant, Less Happy—and Completely Unprepared for Adulthood* (New York: Atria, 2017), p. 122.
11. Twenge, *iGen*, p. 139.
12. Twenge, *iGen*, p. 251.
13. Alan Jacobs, *How to Think: A Survival Guide for a World at Odds* (New York: Crown, 2017), p. 74.
14. John Stott, *Basic Christianity* (Grand Rapids, MI: Eerdmans, 1958), p. 99. 『기독교의 기본진리』(생명의말씀사).
15. Helen Andrews, "Shame Storm."

7장

1. Ray Ortlund, *The Death of Porn: Men of Integrity Building a World of Nobility* (Wheaton, IL: Crossway, 2021); Garret Kell, *Pure in Heart* (Wheaton, IL: Crossway, 2021).
2. "Most Popular Websites Worldwide as of November 2021, by Total Visits", Statista, accessed November 14, 2022, https://www.statista.com/.
3. David Cameron, "The Internet and Pornography: Prime Minister Calls for Action", speech, 2010 to 2015 Conservative and Liberal Democrat Coalition Government, updated July 24, 2013, https://www.gov.uk/.
4. Neil Postman, *Amusing Ourselves to Death* (New York: Penguin, 1985).

5. Hal Koss, "Infinite Scroll: What Is It Good For?", BuiltIn, January 7, 2021, https://builtin.com을 보라.
6. Reinhard Hutter, "Pornography and Acedia", *First Things*, April 2012, https://www.firstthings.com/.
7. Alan Noble, *You Are Not Your Own: Belonging to God in an Inhuman Age* (Downers Grove, IL: InterVarsity Press, 2021), p. 64.
8. Noble, *You Are Not Your Own*, p. 65.
9. "Inside TikTok's Algorithm: A WSJ Video Investigation", *Wall Street Journal*, July 21, 2012, https:// www.wsj.com/.
10. John Piper, "Do You See the Joy of God in the Sun? Part 2", Desiring God, August 26, 1990, https://www.desiringgod.org/.

8장

1. Bertrand Russell, *Autobiography* (New York: Routledge, 1998), p. 393. 『인생은 뜨겁게』(사회평론).
2. "Suicide by Age", Suicide Prevention Research Center, accessed November 14, 2022, https://www.sprc.org/.
3. Andrew Sullivan, "I Used to Be a Human Being", *New York Magazine*, September 19, 2016, https://nymag.com/.
4. Sullivan, "I Used to Be a Human Being."
5. *American Heritage Dictionary*, 4th ed. (New York: Random House, 2001), s.v. "minutiae."
6. 이 단락의 일부는 내가 쓴 다음 글을 수정한 것이다. "Our Bodies Tell Us What We Are", March 23, 2022, https://samueldjames.substack.com/.
7. John Kleinig, *Wonderfully Made: A Protestant Theology of the Body* (Bellingham, WA: Lexham Press, 2021), pp. 50–51.
8. C. S. Lewis, *The Weight of Glory: And Other Addresses* (New York: HarperCollins, 1949), p. 32. 『영광의 무게』(홍성사).
9. David Powlison, "Sane Faith in the Insanity of Life, Part 1", Christian Counseling and Educational Foundation, https://www.ccef.org/.

결론

1. James Clear, *Atomic Habits: An Easy and Proven Way to Build Good Habits and Break Bad Ones* (New York: Avery, 2018), p. 38. 『아주 작은 습관의 힘』(비즈니스북스).
2. 나는 존 파이퍼에게서 이 표현을 처음 들었다.
3. *Cast Away*, directed by Robert Zemeckis (Los Angeles: 20th Century Fox, 2000). 〈캐스트 어웨이〉.
4. 몸을 통해 구체적으로 교제하고 사랑하는 삶에 대한 더 자세한 내용은 다음 책을 추천한다. Andy Crouch, *The Life We're Looking For: Reclaiming Relationship in a Technological World* (New York: Convergent, 2022).
5. C. S. Lewis, *The Weight of Glory: And Other Addresses* (New York: HarperCollins, 1949), pp. 29-31.

사명선언문

너희가 흠이 없고 순전하여……세상에서 그들 가운데 빛들로
나타내며 생명의 말씀을 밝혀 _ 빌 2:15-16

1. 생명을 담겠습니다
만드는 책에 주님 주신 생명을 담겠습니다.
그 책으로 복음을 선포하겠습니다.

2. 말씀을 밝히겠습니다
생명의 근본은 말씀입니다.
말씀을 밝혀 성도와 교회의 성장을 돕겠습니다.

3. 빛이 되겠습니다
시대와 영혼의 어두움을 밝혀 주님 앞으로 이끄는
빛이 되는 책을 만들겠습니다.

4. 순전히 행하겠습니다
책을 만들고 전하는 일과 경영하는 일에 부끄러움이 없는
정직함으로 행하겠습니다.

5. 끝까지 전파하겠습니다
모든 사람에게, 땅 끝까지, 주님 오시는 그날까지
복음을 전하는 사명을 다하겠습니다.

서점 안내

광화문점   서울시 종로구 새문안로 69 구세군회관 1층
02)737-2288 / 02)737-4623(F)

강남점   서울시 서초구 신반포로 177 반포쇼핑타운 3동 2층
02)595-1211 / 02)595-3549(F)

구로점   서울시 동작구 시흥대로 602, 3층 302호
02)858-8744 / 02)838-0653(F)

노원점   서울시 노원구 동일로 1366 삼봉빌딩 지하 1층
02)938-7979 / 02)3391-6169(F)

일산점   경기도 고양시 일산서구 중앙로 1391 레이크타운 지하 1층
031)916-8787 / 031)916-8788(F)

의정부점   경기도 의정부시 청사로47번길 12 성산타워 3층
031)845-0600 / 031)852-6930(F)

인터넷서점   www.lifebook.co.kr